高职院校虚拟仿真实训基地建设研究

王伟 张皓◎著

图书在版编目（CIP）数据

高职院校虚拟仿真实训基地建设研究 / 王伟, 张皓著. -- 长春：时代文艺出版社, 2024.1
　　ISBN 978-7-5387-7433-7

Ⅰ. ①高… Ⅱ. ①王… ②张… Ⅲ. ①高等职业教育－产学合作－计算机仿真－研究－中国 Ⅳ. ①G718.5

中国国家版本馆CIP数据核字(2024)第047542号

高职院校虚拟仿真实训基地建设研究
GAO ZHI YUANXIAO XUNI FANGZHEN SHIXUN JIDI JIANSHE YANJIU
王伟　张皓　著

| 出 品 人：吴　刚 |
| 责任编辑：卢宏博 |
| 装帧设计：文　树 |
| 排版制作：隋淑凤 |

出版发行：时代文艺出版社
地　　址：长春市福祉大路5788号　龙腾国际大厦A座15层　（130118）
电　　话：0431-81629751（总编办）　0431-81629758（发行部）
官方微博：weibo.com/tlapress
开　　本：710mm×1000mm　1/16
字　　数：270千字
印　　张：16.75
印　　刷：廊坊市广阳区九洲印刷厂
版　　次：2024年1月第1版
印　　次：2024年1月第1次印刷
定　　价：76.00元

图书如有印装错误　请寄回印厂调换

前　言

在信息时代的浪潮中，高等职业教育正扮演着越来越重要的角色，成为培养适应社会需求的专业人才的重要平台。为适应现代产业的快速发展和技术的不断更新，高职院校面临着许多新的挑战。在这一背景下，虚拟仿真实训成为培养学生实际操作能力和创新思维的有效手段，对提高高职院校教学质量和培养应用型人才具有深远的意义。

本研究旨在深入探讨高职院校虚拟仿真实训基地建设，以期为高职院校在实践教学方面提供可行的建设方案和有益的借鉴。通过构建虚拟仿真实训基地，可以更好地满足社会对于高素质技术人才的需求，为学生提供更加贴近实际工作场景的学习环境，提高其实际动手能力和解决问题的能力。

首先，本研究将从实训基地建设的背景入手，分析当前高职院校面临的挑战和机遇。

其次，本研究将对虚拟仿真技术在实训基地建设中的应用进行深入研究。通过分析虚拟仿真技术的优势和局限性，可以更好地理解其在高职院校实训基地建设中的实际应用价值。

最后，本研究将展望虚拟仿真实训基地建设的未来发展方向，将思考如何在虚拟仿真实训基地建设中更好地融入人工智能、云计算等新兴技术，以满足未来社会对于跨学科综合能力的需求。

总的来说，本研究的目标是通过深入研究高职院校虚拟仿真实训基地建设，为高职院校提供科学合理的建设方案，促进高职院校实践教学水平的提升，培养更多适应社会发展需要的高素质应用型人才。在这一过程中，为高职院校实训基地建设的研究和实践提供新的思路和方法，推动高职院校迈向更加灵活、现代化的教育体系。

目　录

第一章　高职院校虚拟仿真实训基地建设的理论框架

第一节　虚拟仿真在高职院校中的地位与作用 …………………… 001
第二节　高职院校实训需求与现状 ………………………………… 012
第三节　虚拟仿真实训基地建设的理论基础 ……………………… 021
第四节　虚拟仿真技术在高职院校课程实训中的应用 …………… 033
第五节　实训基地建设的关键要素与指导原则 …………………… 040

第二章　高职院校虚拟仿真实训基地综合规划与设计

第一节　实训基地规划的必要性和意义 …………………………… 047
第二节　综合规划的基本原则 ……………………………………… 054
第三节　实训基地硬件设施的设计要点 …………………………… 062
第四节　软件系统的选取与集成 …………………………………… 068
第五节　师资队伍的培养与配置 …………………………………… 080

第三章　高职院校虚拟仿真实训技术平台建设

第一节　虚拟仿真技术的分类与选择 ……………………………… 087
第二节　虚拟仿真实训平台的硬件设备 …………………………… 094

第三节　软件平台的选择与开发 …………………………… 102

第四节　虚拟仿真实训技术的实际应用 …………………… 111

第五节　数据采集与处理技术在实训中的应用 …………… 118

第六节　平台更新与维护管理 ……………………………… 125

第四章　高职院校虚拟仿真实训课程体系建设

第一节　实训课程体系设计的基本原则 …………………… 133

第二节　课程内容的选择与设置 …………………………… 139

第三节　实训课程与课堂教学的融合 ……………………… 145

第四节　实训课程与实际岗位需求的对接 ………………… 151

第五节　跨学科实训课程的设计与实施 …………………… 158

第六节　评价机制与学分体系的建立 ……………………… 165

第五章　高职院校虚拟仿真实训基地的师资队伍建设

第一节　实训教师的素质与能力要求 ……………………… 173

第二节　实训教师培训与发展计划 ………………………… 179

第三节　行业专家与实训教师的合作机制 ………………… 185

第四节　实训教师的业绩考核与激励机制 ………………… 191

第五节　实训教师的职业发展路径 ………………………… 196

第六章　高职院校虚拟仿真实训基地与企业合作机制研究

第一节　与企业合作的背景与必要性 ……………………… 203

第二节　合作机制的设计与建立 …………………………… 208

第三节　企业参与实训过程的角色划分 …………………… 214

第四节　虚拟仿真实训基地的资源共享与互补 …………… 221

第五节　合作模式的评估与持续优化 ……………………… 228

第七章　高职院校虚拟仿真实训基地的可持续发展策略

第一节　可持续发展的理论基础 …………………………………… 234

第二节　实训基地的生态环境保护 ………………………………… 240

第三节　实训基地运营的经济效益与社会效益平衡 …………… 244

第四节　可持续发展策略的实施与效果评估 …………………… 249

参考文献 ………………………………………………………………… 256

第一章　高职院校虚拟仿真实训基地建设的理论框架

第一节　虚拟仿真在高职院校中的地位与作用

一、虚拟仿真技术的概念与特点

虚拟仿真技术是一种通过计算机程序和数学模型来模拟现实世界的过程或系统的技术。它的主要目的是通过模拟现实世界的各种情境和条件，以便进行训练、测试、分析和决策支持等活动。虚拟仿真技术在各个领域中得到广泛应用，包括军事、医疗、航空航天、汽车工业、建筑、教育和娱乐等。

（一）虚拟仿真技术的概念

虚拟仿真技术是一种计算机技术，它使用数学模型、计算机图形和物理引擎等工具来模拟现实世界的各种过程和系统。虚拟仿真技术的核心思想是通过模拟来创建一个虚拟的环境，使用户可以在其中进行各种活动，而无需承担实际进入现实世界的危险或成本。虚拟仿真技术的主要组成部分包括：

数学模型：虚拟仿真技术通常使用数学模型来描述现实世界的物理、

化学、生物或其他过程。这些模型可以是基于微分方程、差分方程、代数方程或概率模型等不同的数学工具。数学模型的目的是描述系统的行为和相互关系，以便在计算机中进行模拟。

计算机图形：虚拟仿真技术通常使用计算机图形来创建虚拟环境。这包括三维建模、纹理映射、渲染和动画等技术，以便将虚拟环境呈现给用户。计算机图形的发展使虚拟仿真技术更加逼真和生动。

物理引擎：虚拟仿真技术通常使用物理引擎来模拟物体之间的相互作用和运动。物理引擎可以模拟重力、碰撞、摩擦等物理现象，以便在虚拟环境中模拟真实世界的物体行为。

用户界面：虚拟仿真技术通常包括用户界面，使用户能够与虚拟环境进行交互。用户界面可以是基于键盘、鼠标、触摸屏或虚拟现实头显等不同的输入设备。

虚拟仿真技术在不同领域中都有广泛的应用。以下是一些应用领域的示例：

军事：虚拟仿真技术在军事训练中得到广泛应用。军事人员可以使用虚拟仿真环境进行战术演练、飞行模拟和武器操作训练，以提高他们的技能和战斗力。

医疗：虚拟仿真技术在医疗领域中用于医学培训、手术模拟和疾病诊断。医生和医学生可以使用虚拟仿真技术来练习手术技能，模拟病例以进行诊断和治疗。

航空航天：虚拟仿真技术在航空航天领域中用于飞行模拟、飞机设计和航天任务规划。飞行员可以使用虚拟仿真技术来练习飞行技能，工程师可以使用虚拟仿真技术来模拟飞机性能和飞行条件。

汽车工业：虚拟仿真技术在汽车设计和测试中得到广泛应用。汽车制造商可以使用虚拟仿真技术来模拟车辆性能、碰撞测试和燃油效率，以优化设计和降低成本。

第一章 高职院校虚拟仿真实训基地建设的理论框架

建筑：虚拟仿真技术在建筑设计和施工中用于模拟建筑物的结构和性能。建筑师可以使用虚拟仿真技术来模拟建筑物的外观和功能，以便更好地满足客户的需求。

教育：虚拟仿真技术在教育领域中用于教学和培训。教育者可以使用虚拟仿真技术来创建互动的教育模拟，以便帮助学生理解复杂的概念和提高他们的学习效果。

娱乐：虚拟仿真技术在娱乐领域中得到广泛应用，如电子游戏、虚拟现实和增强现实。玩家可以在虚拟环境中参与游戏和体验各种娱乐活动。

（二）虚拟仿真技术的特点

虚拟仿真技术具有许多独特的特点，使其成为各个领域中的重要工具。以下是一些虚拟仿真技术的主要特点：

省时和成本效益：虚拟仿真技术可以帮助减少时间和成本，因为它允许用户在虚拟环境中进行实验和测试，而无需在现实世界中建立实际的实验室或设备。这对于研发、培训和测试等方面都具有重要的经济意义。

安全性：虚拟仿真技术可以提供更安全的环境，因为用户可以在虚拟环境中进行危险或高风险活动，而不必担心受伤或造成损失。这在军事训练、医疗手术模拟和飞行模拟等领域尤为重要。

可控性：虚拟仿真技术可以精确地控制模拟环境的各种参数和条件。这使得用户能够在不同的情境下进行实验和测试，以便更好地理解系统的行为和性能。

可重复性：虚拟仿真技术允许用户重复相同的实验或测试，以检查结果的一致性和稳定性。这对于科学研究和质量控制非常重要。

可视化：虚拟仿真技术提供了强大的可视化工具，使用户能够直观地观察和分析模拟环境中的对象和过程。这有助于用户更好地理解复杂的数据和信息。

实时交互：虚拟仿真技术允许用户与虚拟环境进行实时交互。这意味着用户可以通过改变参数、操作对象或进行决策来影响模拟环境的发展，以便进行实时调整和优化。

多领域应用：虚拟仿真技术具有广泛的多领域应用，包括军事、医疗、航空航天、汽车工业、建筑、教育和娱乐等。这使其成为一个通用工具，可以满足不同领域的需求。

创新和实验：虚拟仿真技术为创新和实验提供了良好的平台。研究人员和工程师可以使用虚拟仿真技术来测试新的理念、产品或技术，以便更好地了解其潜在效果和限制。

集成和协作：虚拟仿真技术可以用于多人协作和集成。多个用户可以同时在虚拟环境中工作，以进行合作项目、模拟协同任务或培训。

教育和培训：虚拟仿真技术在教育和培训领域中有着重要的应用。它可以帮助学生更好地理解和应用各种学科的概念，同时也可用于员工培训和职业技能提高。

总的来说，虚拟仿真技术的特点使其成为一个强大的工具，可以用于模拟和分析各种现实世界的情境和系统。它在各个领域中都有广泛的应用，有助于提高效率、降低成本、增加安全性和推动创新。随着技术的不断发展和改进，虚拟仿真技术的应用前景将继续扩展，为各种领域带来更多的机会和好处。

二、虚拟仿真在高职院校的教育应用

虚拟仿真技术是一种强大的教育工具，已经在高职院校的教育中得到广泛应用。虚拟仿真技术在提高教育质量、培养学生综合能力、降低成本等方面既具有优势又面临挑战。

（一）概述

虚拟仿真技术是一种基于计算机模拟和模型建构的教育工具，它可以模拟真实世界的各种场景和过程，为学生提供丰富的学习体验。在高职院校中，虚拟仿真技术已经成为一种重要的教育手段，它可以帮助学生更好地理解专业知识，提高综合素质，提前适应职业环境。本书将探讨虚拟仿真技术在高职院校的教育应用，分析其优势和挑战，并提出未来发展方向的建议。

（二）虚拟仿真技术的定义和特点

虚拟仿真技术是一种通过计算机模拟和模型建构的技术，可以在虚拟环境中模拟真实世界的各种场景和过程。它的特点包括：

模拟真实性：虚拟仿真技术可以高度模拟真实世界的场景，使学生感受到身临其境的学习体验。

互动性：学生可以在虚拟环境中参与互动，与模拟对象进行交互，提高学习的主动性和参与度。

安全性：虚拟仿真技术可以在没有现实风险的情况下让学生练习和实践，特别适用于一些危险性较大的专业领域。

灵活性：教师可以根据学生的需求和进度随时调整虚拟仿真教学的内容和难度，以适应不同学生的学习需求。

可视化：虚拟仿真技术可以将抽象的概念和理论以可视化的方式呈现，有助于学生更好地理解和记忆知识。

（三）虚拟仿真技术在高职院校的教育应用

虚拟仿真技术在高职院校的教育应用非常广泛，涉及到不同专业领域。以下是一些典型的应用案例：

医学与护理领域：虚拟仿真技术可以用于模拟临床手术操作、急救场景、病患护理等，帮助医学和护理专业的学生进行实践训练。学生可以在虚拟环境中模拟各种病例，提高诊断和治疗技能，降低医疗错误率。

工程与建筑领域：虚拟仿真技术可以用于建筑设计、结构分析、施工模拟等，帮助工程与建筑专业的学生理解复杂工程原理和实际施工过程。

学生可以在虚拟环境中创建建筑模型，测试不同设计方案，提前发现潜在问题。

信息技术领域：虚拟仿真技术可以用于网络安全演练、软件开发、数据分析等，帮助信息技术专业的学生获得实际工作经验。学生可以在虚拟环境中模拟网络攻击、编程任务等，提高技术技能。

旅游与酒店管理领域：虚拟仿真技术可以用于模拟酒店管理、旅游规划、客户服务等，帮助旅游与酒店管理专业的学生练习管理技能。学生可以在虚拟环境中扮演不同角色，模拟酒店运营或旅游活动。

制造与自动化领域：虚拟仿真技术可以用于工业机器人控制、生产线优化、工艺流程模拟等，帮助制造与自动化专业的学生熟练掌握自动化设备的操作和维护。学生可以在虚拟环境中模拟不同生产场景，提高技术水平。

以上仅是一些应用案例的示范，虚拟仿真技术在高职院校中的教育应用不仅限于上述领域。事实上，虚拟仿真技术在高职院校的各种专业中都有广泛的应用，包括机械工程、电子工程、化学工程、环境科学、航空航天等领域。它可以满足不同专业领域的教学需求，为学生提供更丰富的学习体验和更高效的教育。

三、虚拟仿真对学生技能培养的影响

虚拟仿真技术是一种以计算机为基础的模拟环境，能够模拟现实世界中的各种情境和操作。虚拟仿真已经在教育领域广泛应用，为学生提供了更丰富、更生动的学习体验。

（一）虚拟仿真技术的概述

虚拟仿真技术是一种模拟真实环境和操作的技术，通过计算机程序和硬件设备创建虚拟世界，使用户可以在其中进行互动。虚拟仿真可以模拟各种情境，包括飞行、医疗手术、建筑设计、化学实验等，为学习者提供

了一个安全、便捷、实时的学习平台。

（二）虚拟仿真技术在教育中的应用

虚拟仿真技术在教育中的应用领域多种多样，以下将介绍一些主要的应用领域。

1. 医学教育

虚拟仿真技术在医学教育中有着广泛的应用。医学学生可以通过虚拟仿真系统进行解剖学习、外科手术模拟、临床案例模拟等。这不仅给学生提供了一个安全的学习环境，还允许学生进行实际的操作练习，提高了他们的技能水平。此外，虚拟仿真技术还可以帮助医学生学习急救技能、临床诊断等方面的知识。

2. 航空领域

虚拟仿真技术在航空领域的应用也非常广泛。飞行学员可以使用飞行模拟器进行飞行培训，模拟各种气象条件和紧急情况，提高他们的飞行技能。虚拟仿真技术还可以用于飞机维修培训，帮助技术人员了解飞机的各个部件和系统。

3. 工程与建筑

虚拟仿真技术在工程和建筑领域的应用也非常重要。工程学生可以使用虚拟仿真技术来模拟复杂的结构和系统，进行设计和测试。建筑师可以使用虚拟仿真技术来可视化建筑设计，查看建筑的外观和结构。这有助于提高工程和建筑领域的学生的实际技能和创造力。

4. 化学实验

虚拟仿真技术在化学实验教育中也有着广泛的应用。学生可以使用虚拟实验室进行各种化学实验，而无需真实化学试剂。这不仅降低了实验成本，还提供了一个安全的实验环境，使学生能够在模拟中进行错误和改进。虚拟仿真技术还可以用于模拟分子结构和化学反应，帮助学生理解化学原理。

5. 虚拟实验室

虚拟实验室是一种用于科学教育的虚拟仿真应用。学生可以在虚拟实验室中进行物理、化学、生物等实验，模拟各种实验条件和参数，从而深入理解科学原理。这对于培养学生的实验技能和科学思维非常重要。虚拟实验室还可以解决实验材料和设备的限制问题，让学生在任何地方都能进行实验学习。

6. 虚拟现实（VR）教育

虚拟现实技术是虚拟仿真的一种高级形式，通过戴上VR头戴式设备，学生可以完全沉浸在虚拟环境中。虚拟现实教育已经在多个领域得到应用，包括历史学、地理学、文化学等。学生可以在虚拟环境中探索历史场景、地理景观，甚至与虚拟人物互动，以增强他们的学习体验。

7. 虚拟商业模拟

虚拟商业模拟是为商学院和管理学院的学生提供的一种教育工具。学生可以在虚拟商业环境中扮演企业家、经理或市场分析师的角色，模拟经营和管理企业的决策过程。这有助于学生理解商业运作的各个方面，并培养他们的商业智慧和领导技能。

8. 语言学习

虚拟仿真技术也可以用于语言学习。学生可以通过虚拟环境中的语言互动来提高他们的语言技能。这种方法可以让学生置身于目标语言环境中，与虚拟人物进行对话，练习听力、口语和交流能力。

9. 艺术和创意领域

虚拟仿真在艺术和创意领域的应用也越来越受欢迎。学生可以使用虚拟工具来创作艺术品、音乐作品、动画等，而无需传统的艺术材料和设备。这为学生提供了更多的创作机会和实验空间。

（三）虚拟仿真技术对学生技能培养的影响

虚拟仿真技术在教育中的应用对学生的技能培养产生了深远的影响。

以下是一些主要的影响方面：

1. 提供实践经验

虚拟仿真允许学生在虚拟环境中进行实际操作，提供了实践经验的机会。例如，在医学教育中，学生可以使用虚拟手术模拟器进行手术练习，模拟各种疾病和并发症的情况。这使他们能够积累丰富的手术经验，提高手术技能。同样，在航空领域，飞行学员可以在飞行模拟器中练习各种飞行操作，从而提高飞行技能。

2. 提供安全性和风险管理

虚拟仿真提供了一个安全的学习环境，学生可以在其中犯错而不会造成实际损害。这对于一些危险性较高的领域尤为重要，如飞行、医学手术、军事训练等。学生可以在虚拟环境中练习和改进他们的技能，而无需担心风险和危险。

3. 提供实时反馈

虚拟仿真可以实时反馈学生的操作，帮助他们及时了解错误并进行纠正。这种即时反馈有助于学生更快地学习和改进。在飞行模拟中，学员可以随时了解他们的飞行性能，包括高度、速度、姿态等，从而及时调整飞行操作。在虚拟实验中，学生可以看到实验结果的实时变化，了解不同参数和条件对实验结果的影响。

4. 提供个性化学习体验

虚拟仿真技术允许学生根据自己的需求和进度进行学习。学生可以根据自己的兴趣和能力选择不同的虚拟仿真模块进行学习。这提供了个性化学习的机会，帮助学生更好地掌握他们感兴趣的领域。

5. 提高记忆和理解

通过虚拟仿真，学生可以以多感官的方式来学习。他们可以看、听、触摸虚拟环境中的物体和情境，这有助于提高记忆和理解。虚拟仿真可以使抽象概念变得更加具体，从而更容易理解。这对于科学、工程和医学等领域尤为重要。

6. 提供跨学科教育

虚拟仿真技术在各个学科和领域中都有应用，它有助于促进跨学科教育。学生可以在虚拟环境中学习多个学科的知识和技能，例如，在虚拟实验室中，他们可以同时学习物理、化学和生物知识。这有助于培养学生的综合素养，使他们更好地理解知识之间的联系和交叉应用。

7. 提高学习动力和兴趣

虚拟仿真技术可以提供更生动、有趣的学习体验，激发学生的学习兴趣。学生可以在虚拟环境中进行互动操作，体验到知识的应用和实际效果，这有助于提高他们的学习动力。虚拟仿真还可以创建引人入胜的情节和挑战，使学习变得更具吸引力。

8. 提高解决问题的能力

虚拟仿真模拟各种情境和问题，要求学生进行分析和解决。这有助于培养学生的问题解决能力和创造性思维。学生可以通过虚拟仿真中的试错和改进来发展解决问题的技能，这对他们未来的职业和生活都有着积极影响。

9. 增强团队合作

虚拟仿真也可以用于团队合作。学生可以在虚拟环境中与同学或同事合作，共同解决问题和完成任务。这有助于培养学生的团队合作和沟通能力，这在现实世界的工作环境中非常重要。

10. 跨时空学习

虚拟仿真技术允许学生跨越时空进行学习。他们可以随时随地访问虚拟环境，进行学习和练习。这为远程教育和终身学习提供了更多的机会，使学习不再受限于地理位置和时间限制。

11. 提高创新能力

虚拟仿真技术可以激发学生的创新思维。他们可以在虚拟环境中尝试新的想法和方法，进行实验和创造。这有助于培养创新能力，为未来的科研和创业做好准备。

（四）虚拟仿真技术的挑战和限制

尽管虚拟仿真技术在教育中有着广泛的应用和益处，但也面临一些挑战和限制。

1. 技术成本

虚拟仿真技术通常需要先进的硬件和软件，这可能会带来较高的成本。学校和教育机构需要投入资金来购买和维护虚拟仿真系统，这对于一些资源有限的学校来说可能是一个挑战。

2. 师资培训

教育者需要接受培训，以有效地使用虚拟仿真技术。教师和讲师需要了解如何集成虚拟仿真到他们的教学中，以提供最佳的学习体验。这需要时间和资源来进行培训。

3. 内容开发

虚拟仿真系统的内容开发是一项复杂的任务。开发虚拟仿真模块需要专业知识和技能，以确保它们准确模拟真实情境。这可能需要大量的时间和资源来创建高质量的虚拟仿真内容。

4. 技术依赖性

虚拟仿真技术对于技术设备和网络连接的依赖性较高。如果学校或学生没有足够的技术设备或稳定的网络连接，就无法充分利用虚拟仿真。这可能会导致数字鸿沟问题，即一些学生可能无法获得相同的学习机会。

5. 缺乏人际互动

虚拟仿真虽然可以提供丰富的学习体验，但缺乏真实世界中的人际互动。学生可能会错过与同学、教师和同事互动的机会，这些互动对于社交技能和团队合作能力的培养非常重要。

6. 有限的领域适用性

虚拟仿真技术不适用于所有学科和领域。一些学科，如文学、哲学等，可能难以通过虚拟仿真来教授。虚拟仿真最适合于需要实际操作和实践经验的领域，如医学、工程、科学等。

7. 潜在的沉迷问题

虚拟仿真技术的吸引力可能会导致学生沉迷于虚拟环境，而忽视了现实生活和社交互动。教育者和家长需要确保学生在使用虚拟仿真技术时有适度的平衡。

虚拟仿真技术在教育中的应用对学生的技能培养产生了积极的影响。它提供了实践经验、安全性、实时反馈和个性化学习体验，有助于提高学生的技能水平和综合素养。虚拟仿真技术也有助于解决一些传统教育的不足之处，如风险管理、跨学科教育、创新能力培养等。

第二节 高职院校实训需求与现状

一、高职院校实训需求的多样性

高职院校作为中国教育体系中的一部分，致力于为学生提供职业教育和培训，以满足不断发展的社会和经济需求。实训是高职教育的重要组成部分，有助于学生将理论知识应用到实际工作中。

（一）高职院校实训需求的来源

高职院校实训需求的多样性可以追溯到多个来源。以下是一些主要的需求来源：

1. 社会和行业需求

社会和行业的不断变化和发展对高职院校实训需求产生了巨大影响。

随着科技、经济和产业的发展，不同领域的企业和机构对各类职业技能和资格的需求也在不断变化。高职院校需要密切关注行业趋势，以满足市场对人才的需求。

2. 技术和科学进步

技术和科学的不断进步也驱动着实训需求的多样性。新的技术、工具和方法的出现意味着学生需要学习和掌握新的技能，以适应快速发展的领域，如信息技术、人工智能、生物医学等。

3. 政策和法规变化

政府政策和法规的变化也可以影响高职院校的实训需求。政府可能会出台新的职业标准、资格认证要求，或者调整职业技能的培训方向，以适应经济和社会的需要。高职院校需要遵循这些政策和法规，以保持其课程和实训的有效性。

4. 学生需求

学生的需求也是实训需求的重要来源。不同学生可能有不同的兴趣和职业目标，他们会选择不同的专业领域和方向。高职院校需要提供多样化的实训机会，以满足学生的个性化需求。

5. 市场竞争

高职院校之间的竞争也会影响实训需求的多样性。为了吸引更多的学生和满足市场需求，学校可能会不断改进其实训课程，提供更多的选择和机会。

(二) 不同专业领域的实训需求

高职院校涵盖了多个不同的专业领域，每个领域都有其独特的实训需求。以下是一些主要领域的实训需求的示例：

1. 工程和技术领域

在工程和技术领域，学生通常需要进行实际的工程设计、制造和维护工作。实训需要包括使用工程软件、模拟设备、机械加工、电子电气技术等方面的操作。高职院校需要提供现代化的实验室和设备，以培养工程师和技术人员的技能。

2. 医疗和护理领域

在医疗和护理领域，实训需求包括临床实践、患者护理、医疗设备操作等。学生需要在医院、护理院、实验室等真实环境中进行实际工作。高职院校需要与医疗机构合作，为学生提供实践机会。

3. 商业和管理领域

商业和管理领域的学生需要培养领导、管理和创业技能。实训需求包括模拟企业管理、市场调研、项目管理等方面的实际操作。学校可以建立虚拟企业、模拟市场环境，以帮助学生培养商业思维和管理技能。

4. 信息技术领域

信息技术领域的学生需要不断更新和掌握最新的技术和编程语言。实训需求包括编程、网络管理、数据库设计、信息安全等方面的操作。高职院校需要提供先进的计算机实验室和技术设备，以满足学生的需求。

5. 艺术和创意领域

在艺术和创意领域，学生需要进行创作、设计、表演等实际操作。实训需求包括绘画、音乐创作、舞台设计、影视制作等方面的实践。学校需要提供艺术工作室、表演舞台、音乐录音室等设施，以支持学生的创意发展。

6. 社会服务领域

社会服务领域的学生通常需要与社区、社会组织、政府部门合作，进行社会工作、社会调查、社区发展等实践。实训需求包括实地考察、社会调研、社会服务项目管理等方面的操作。学校需要建立与社区的伙伴关系，以为学生提供实践机会。

7. 农业和农村发展领域

农业和农村发展领域的学生需要进行农业生产、农村规划、农村经济管理等实际工作。实训需求包括农田实践、农产品加工、农村社区管理等方面的操作。学校需要拥有农田和农村资源，以支持学生的实际培训。

8.旅游和酒店管理领域

在旅游和酒店管理领域，学生需要进行旅游管理、酒店运营、导游服务等实际操作。实训需求包括模拟酒店管理、旅游线路规划、导游培训等方面的实践。学校需要建立与旅游业和酒店业的合作关系，以提供实际实训。

（三）满足高职院校实训需求的途径

为了满足高职院校不同领域的实训需求，需要采取多种途径和策略：

1.合作伙伴关系

高职院校可以建立与行业、企业和社会组织的合作伙伴关系，以获得实际实训机会。与行业合作伙伴合作可以确保实训内容与行业需求保持一致，提供学生与真实职场环境的接触。

2.实训设施和设备

高职院校需要提供现代化的实训设施和设备，以支持不同领域的实训需求。这包括实验室、工作室、模拟设备、计算机设备等。投资于实训设施和设备是为学生提供高质量实训的关键。

3.虚拟仿真技术

虚拟仿真技术可以用于模拟各种实际操作和情境，为学生提供安全、可控的学习环境。高职院校可以使用虚拟仿真技术来满足部分实训需求，特别是在涉及高风险操作或昂贵设备的领域。

4.实际实习

实际实习是一种重要的实训形式，可以让学生亲身体验职场工作。高职院校可以与企业和机构合作，为学生提供实际实习机会。这有助于学生将理论知识应用到实际工作中，并建立职业网络。

5. 培训教师

培训教师是为了满足不同领域实训需求的关键。教师需要接受专业培训，了解行业趋势和最新技术，以提供高质量的实训教育。学校可以鼓励教师参与行业培训和研究，以不断提高他们的实训能力。

6. 跨学科教育

高职院校可以推行跨学科教育，使学生能够获得更多不同领域的实训经验。例如，工程学生可以参与与商业学生的项目，以模拟跨职业合作。跨学科教育有助于培养学生的综合能力和创新思维。

7. 个性化学习计划

学校可以提供个性化学习计划，以满足学生的不同实训需求。学生可以根据自己的兴趣和职业目标选择不同的实训项目和方向。这有助于学生更好地发展自己的职业道路。

总之，高职院校实训需求的多样性是一个挑战，也是一个机会。通过合作伙伴关系、实训设施、虚拟仿真技术、实际实习、培训教师、跨学科教育和个性化学习计划，高职院校可以更好地满足不同领域的实训需求，为学生提供高质量的职业教育和培训。这有助于培养具备职业技能和综合素质的毕业生，为社会和经济发展做出贡献。

二、高职院校实训现状与挑战

高职院校作为中国职业教育体系中的重要组成部分，致力于培养具备实际职业技能和综合素养的人才。实训是高职教育的核心，通过实际操作和实践，学生能够将理论知识应用于实际工作中。

（一）高职院校实训的现状

1. 实训内容的多样性

高职院校的实训内容非常丰富多样，涵盖了工程技术、医疗护理、商业管理、信息技术、艺术创意等众多领域。学生可以获得与自己所学专业相关的实际技能和经验，使他们更好地适应未来的职业。

2. 合作伙伴关系

高职院校与企业、行业组织和社会机构建立了紧密的合作伙伴关系。这些合作关系为学生提供了实际实习和实训的机会，使他们能够在真实的职场环境中学习和实践。

3. 现代化实训设施

高职院校积极投资于实训设施的建设，提供现代化的实验室、工作室、模拟设备和虚拟仿真技术。这些设施有助于学生获得高质量的实际实训体验。

4. 质量监控和评估

高职院校对实训质量进行监控和评估，以确保实训内容与市场需求保持一致。学校会定期进行教育教学质量评估，以提高实训的有效性。

5. 实训教师团队

高职院校拥有专业的实训教师团队，他们具有丰富的行业经验和职业背景。这些教师能够为学生提供专业的指导和支持，帮助他们掌握实际职业技能。

6. 学生职业指导

高职院校积极为学生提供职业指导和就业服务。学校与企业和行业组织合作，为学生提供实习和就业机会，帮助他们顺利进入职场。

7. 跨学科教育

高职院校鼓励学生参与跨学科教育，培养他们的综合素养和创新思维。这有助于学生更好地适应不断变化的职业环境。

（二）高职院校实训面临的挑战

尽管高职院校实训在许多方面取得了显著的进展，但仍然面临一些挑战：

1. 资金限制

高职院校的实训设施和设备需要大量的资金投入，维护和更新也需要不小的经费。一些学校可能由于资金有限而无法提供最新的实训设施和技术。

2. 师资培训

实训教师的培训和发展也是一个挑战。教师需要不断更新自己的知识和技能，以适应快速发展的行业和技术。培训教师需要时间和资源，这可能是一项挑战。

3. 实训资源的不均衡分布

在一些地区，高职院校的实训资源分布不均衡。大城市和发达地区可能有更多的实训设施和机会，而农村地区和欠发达地区的学生可能面临实训资源不足的问题。

4. 实际实习难度

一些高职院校的学生可能面临实际实习机会不足的问题。特别是在一些热门专业领域，实习岗位可能有限，导致学生难以获得实际实习经验。

5. 教学大纲更新滞后

教学大纲的更新滞后可能导致实训内容与市场需求不匹配。学校需要及时调整教学大纲，以确保实训课程的实用性和适应性。

6. 求职竞争激烈

高职院校的毕业生面临着激烈的求职竞争。在一些领域，毕业生数量远远超过了就业机会，就业困难。

7. 技术变革

技术的快速发展对实训需求产生了影响。新的技术和工具的出现意味着学生需要不断学习和掌握新的技能，这对学校和教师提出了挑战。

8. 社会认可度

一些高职院校面临着社会认可度不高的问题。社会普遍认为高职院校毕业生的职业水平和综合素质相对较低，这对学校和学生的声誉和就业前景产生了负面影响。

9. 实训管理难度

高职院校实训管理涉及与多个合作伙伴的协调，包括企业、行业组织和社会机构。管理这些合作关系可能会面临一些困难，如资源分配、时间安排、质量控制等方面的挑战。

10. 持续质量改进

为了提高实训质量，高职院校需要进行持续的质量改进。这需要学校投入时间和资源，建立评估机制，跟踪学生的实训表现，以及定期审查和调整实训课程。

11. 社会需求多样性

社会的需求多样性也对高职院校实训提出了挑战。不同行业、不同地区和不同企业的需求各不相同，如何适应这种多样性是一个复杂的问题。

12. 国际竞争

随着全球化的发展，高职院校毕业生不仅面临国内竞争，还要与国际毕业生竞争。如何提高毕业生的国际竞争力是一个挑战。

（三）应对高职院校实训挑战的策略

为了应对高职院校实训面临的挑战，可以采取以下策略：

1. 资金投入

高职院校需要增加对实训设施和设备的资金投入，确保实训资源的现代化和充足。此外，可以探索与企业和政府的合作，以获取更多的资金支持。

2. 师资培训

学校应该为实训教师提供定期的培训和职业发展机会，以提高其实训能力。教师可以参与行业研究和实际项目，以不断更新自己的知识和技能。

3. 职业指导

高职院校可以加强与企业和行业组织的合作，提供更多的职业指导和就业服务。这有助于帮助学生更好地进入职场。

4. 实际实习机会

学校可以积极与企业和机构合作，为学生提供更多的实际实习机会。同时，学校可以鼓励学生主动寻找实习机会，积累实际经验。

5. 教学大纲更新

学校需要定期审查和更新教学大纲，以确保实训内容与市场需求保持一致。与企业和行业组织合作，了解最新趋势和技术，以指导教学内容的更新。

6. 跨学科教育

高职院校可以推行跨学科教育，培养学生的综合能力和创新思维。这有助于学生更好地适应不断变化的职业环境。

7. 国际合作

学校可以与国际机构和院校合作，为学生提供国际交流和实习机会，提高他们的国际竞争力。

8. 持续质量改进

学校应该建立评估机制，跟踪学生的实训表现，以及定期审查和调整实训课程。持续质量改进有助于提高实训的效果和学生的职业发展。

总之，高职院校实训的现状和挑战需要综合的应对策略。通过增加资金投入、师资培训、职业指导、实际实习机会、教学大纲更新、跨学科教育、国际合作和持续质量改进，高职院校可以更好地满足学生的实训需求，培养具备实际职业技能和综合素质的毕业生，为社会和经济的可持续发展做出贡献。

第三节　虚拟仿真实训基地建设的理论基础

一、虚拟仿真技术的基础原理

虚拟仿真技术是一种模拟和模仿真实环境、过程或系统的计算机技术。它的基础原理涉及计算机图形学、物理建模、感知技术和人机交互等多个领域。

（一）虚拟仿真的概念

虚拟仿真是指使用计算机技术模拟和模仿现实世界的环境、过程或系统，以便分析、测试、训练或可视化。它通过计算机生成的虚拟场景和模型，使用户能够与虚拟环境进行互动，仿真真实世界的体验。虚拟仿真技术的应用领域非常广泛，包括游戏开发、医学仿真、飞行模拟、建筑设计、教育培训等。

（二）计算机图形学的基础原理

计算机图形学是虚拟仿真技术的关键组成部分，它负责生成和呈现虚拟环境中的图像和动画。以下是计算机图形学的一些基础原理：

三维建模：三维建模是创建虚拟环境中物体的基础。它包括使用数学技术来描述物体的形状、大小和位置。常用的三维建模技术包括多边形网格建模、NURBS（非均匀有理B样条）建模、体素建模等。

纹理映射：纹理映射是将二维图像或纹理应用到三维模型上，以增加模型的外观逼真度。它允许在物体表面贴上照片、图案或纹理，使其看起来更真实。

光照：光照是模拟光线如何与物体交互的过程。光照模型包括环境光、漫反射、镜面反射和阴影等元素，以便呈现物体的视觉效果。

渲染：渲染是将三维场景转化为二维图像的过程。这包括摄像机视角、透视投影、渲染技术（如光栅化渲染或光线追踪）等，以产生最终的图像。

动画：虚拟环境中的动画是通过改变物体的位置、旋转、缩放、变形等来实现的。动画原理包括关键帧动画、插值、骨骼动画等。

物理模拟：虚拟环境中的物理模拟涉及到模拟物体的运动、碰撞和力学效应。这需要使用物理定律和数学公式来模拟物体的行为。

着色：着色是为虚拟物体添加颜色和材质属性的过程。它包括材质贴图、阴影、反射和折射等技术，以增加虚拟物体的真实感。

图形引擎：图形引擎是计算机图形学的软件组件，负责处理图形渲染、物体交互和用户输入。图形引擎通常包括渲染管线、着色器、碰撞检测、光照计算等功能。

计算机图形学的基础原理是通过数学和计算机科学的方法来模拟和呈现视觉效果。这些原理的深入理解对于虚拟仿真技术的开发和应用至关重要。

（三）物理建模的基础原理

物理建模是虚拟仿真技术中的另一个关键组成部分，它涉及使用物理学原理来模拟虚拟环境中物体的运动、碰撞、力学效应和互动。以下是物理建模的一些基础原理：

力和质点：在物理建模中，物体通常被视为由质点组成，每个质点受到外力和内部约束的影响。这些质点之间的力和互动被用来计算物体的加速度和速度。

物体的刚体运动：在虚拟环境中，物体的刚体运动是一种常见的物理建模方法。它考虑了物体的旋转、平移和碰撞等因素，以模拟物体的真实运动。

重力和摩擦力：虚拟仿真中的物体通常受到重力和摩擦力的影响。重力使物体受到向下的加速度，而摩擦力阻碍物体的运动。这些力的模拟是物理建模的一部分。

碰撞检测和响应：虚拟环境中的物体可能会相互碰撞，碰撞检测和响应是模拟碰撞的关键。碰撞检测用于确定物体何时相撞，而碰撞响应用于计算碰撞后物体的速度和位置。

弹性和变形：一些虚拟仿真中的物体具有弹性和变形的特性。这需要使用弹性模型来模拟物体的变形和恢复过程，如弹簧和阻尼系统。

流体动力学：虚拟环境中的流体行为可以通过流体动力学原理来模拟，包括流体的流动、湍流、压力和密度等属性。

热传导和传热：一些虚拟环境中需要模拟热传导和传热过程，如火焰、液体的温度分布和传热速率。这需要使用热传导和传热模型。

物理建模的基础原理涵盖了各种不同的物理现象，它们的选择和应用取决于模拟的具体环境和对象。物理建模的目标是模拟虚拟环境中物体的行为，以使虚拟仿真尽可能接近真实世界。

（四）感知技术的基础原理

感知技术是虚拟仿真技术的关键组成部分，它使用户能够与虚拟环境进行互动并获得沉浸式的体验。以下是一些感知技术的基础原理：

虚拟现实（VR）：虚拟现实技术使用头戴式显示器、追踪设备和手柄等硬件来创建沉浸式虚拟体验。用户戴上VR头盔后，能够进入虚拟环境，并通过头部和手部的动作来探索和互动。

增强现实（AR）：增强现实技术将虚拟元素叠加到现实世界中。用户通过AR眼镜或智能手机屏幕来观察虚拟对象，与现实世界进行互动。AR技术通常使用摄像头和传感器来识别现实世界的场景。

深度感知：深度感知技术使用摄像头、激光雷达或红外传感器来测量物体的距离和位置。这可以用于物体的跟踪、手势识别和虚拟对象的位置确定。

触觉反馈：触觉反馈设备使用振动、力反馈或触摸技术来模拟触觉感觉。用户可以感觉到虚拟对象的触感和力度，增强虚拟环境的真实感。

头部追踪：头部追踪技术允许用户在虚拟环境中自由转动头部，以改变视角和观察虚拟世界的不同方面。这通过传感器和陀螺仪来实现。

手势识别：手势识别技术使用摄像头和计算机视觉算法来识别用户的手势和动作。用户可以通过手势来控制虚拟对象和互动。

感知技术的基础原理涵盖了各种硬件和传感器技术，以实现用户在虚拟环境中的互动和体验。这些技术使虚拟仿真更加沉浸式和互动，提供更真实的体验。

（五）人机交互的基础原理

人机交互是虚拟仿真技术的关键组成部分，它允许用户与虚拟环境进行有效的互动和沟通。以下是一些人机交互的基础原理：

用户界面设计：用户界面设计涉及到创建直观和易于使用的虚拟界面，以便用户能够轻松地与虚拟环境互动。这包括菜单、按钮、图标、文本和声音等元素。

手势和语音识别：手势和语音识别技术允许用户使用手势或语音命令来控制虚拟环境。这需要计算机视觉和语音处理技术来识别用户的手势和语音输入。

头部追踪：头部追踪技术允许用户通过头部的运动来改变视角和观察虚拟环境。这通过传感器和陀螺仪来实现。

手柄和控制器：手柄和控制器是用户与虚拟环境互动的常见方式。它们通常包括按钮、摇杆、触摸板和触摸屏等元素，用于控制虚拟对象和操作。

触觉反馈：触觉反馈设备使用振动、力反馈或触摸技术来模拟触觉感觉。用户可以感觉到虚拟对象的触感和力度，增强虚拟环境的互动性。

多用户互动：一些虚拟环境支持多用户互动，允许多个用户在同一虚拟场景中协作或竞争。这需要网络通信和多用户同步技术。

自然交互：虚拟仿真技术旨在实现自然和直观的交互方式，以减少用户的认知负担。自然交互可以包括手势、语音、视觉、触觉和运动等元素。

用户反馈：用户反馈是人机交互的重要组成部分，它包括提示、警告和错误信息，以便用户了解他们的操作和虚拟环境的状态。

人机交互的基础原理涵盖了多种技术和方法，以实现用户与虚拟环境的互动和沟通。这些原理的应用使虚拟仿真技术更加友好和容易使用。

虚拟仿真技术的应用不断扩展和创新，为各种领域提供了新的机会和可能性。它使用户能够在虚拟环境中获得沉浸式的体验，模拟和模仿现实世界的情境，为教育、娱乐、培训和实践提供了有力的工具。这些应用领域将继续受益于虚拟仿真技术的不断发展和改进。

二、教育理论与虚拟仿真的关联

教育是社会发展的基石，它的目标是促进知识的传递、学习和个人成长。教育理论是关于教育的原则和方法的系统研究，它为教育实践提供了指导。虚拟仿真技术作为一种创新的教育工具，已经在教育领域得到广泛应用。虚拟仿真可以提供沉浸式的学习体验，模拟真实情境，促进学生的参与和理解。

（一）行为主义理论与虚拟仿真

1. 行为主义理论概述

行为主义理论强调学习是对外部刺激的反应，它关注学习者的可观察行为。根据行为主义理论，学习可以通过正反馈和负反馈来塑造和加强学习者的行为。著名的行为主义学者包括巴甫洛夫、斯金纳等。行为主义理论在教育中强调刺激—反应的过程，即教师提供刺激，学生做出反应，并获得相应的反馈。

2. 虚拟仿真在行为主义教育中的应用

虚拟仿真技术可以与行为主义理论相互补充，提供刺激和反馈的机会。

通过虚拟仿真,学生可以参与模拟任务,根据特定的刺激做出反应,然后获得即时的反馈。例如,在虚拟化学实验中,学生可以与虚拟化学物质互动,进行实验和观察反应结果。他们的行为将导致特定的反应,以教育目的为导向。虚拟仿真还可以为学生提供多次实践的机会,以加强他们的学习成果。这符合行为主义理论中强调重复和强化学习的原则。

3. 虚拟仿真的优势和局限

虚拟仿真在行为主义教育中的应用有一些优势和局限。优势包括提供可控制的学习环境,允许学生在无风险的情况下进行实验和练习,以及提供即时的反馈和强化。然而,虚拟仿真也有局限,因为它可能忽略了学习者的内部心理过程,如认知过程和思维策略。此外,虚拟仿真通常强调可观察的行为,而不考虑学习者的内在动机和兴趣。

(二)认知学习理论与虚拟仿真

1. 认知学习理论概述

认知学习理论强调学习是一个主观的过程,学习者通过思考、理解和解决问题来获得知识。认知学习理论的代表人物包括皮亚杰、维果茨基和布鲁纳等。认知学习理论强调学习者的内部心理过程,如知觉、思维、记忆和问题解决。学习者通过构建知识结构,将新知识与已有知识联系起来,实现深层次的理解。

2. 虚拟仿真在认知学习中的应用

虚拟仿真技术可以与认知学习理论相结合,提供学习者与复杂环境互动的机会。学习者可以在虚拟环境中探索、实验和解决问题,从而促进深层次的理解。虚拟仿真还可以模拟现实世界的复杂情境,帮助学习者应用他们的知识和解决实际问题。例如,虚拟仿真可以用于医学培训,让医生模拟手术和治疗病例,以提高他们的临床技能。虚拟仿真还可以用于工程和设计领域,帮助学生进行产品设计和工程分析。

3. 虚拟仿真的优势和局限

虚拟仿真在认知学习中的应用具有多种优势。它提供了可视化和沉浸式的学习体验，激发了学习者的兴趣和好奇心。虚拟仿真还可以为学习者提供自主学习的机会，让他们根据自己的节奏和兴趣探索知识。此外，虚拟仿真可以模拟复杂的情境，提供实践和应用的机会，有助于学习者将理论知识转化为实际技能。

然而，虚拟仿真也有局限，包括技术要求较高，成本较高，以及可能存在的虚拟环境与现实世界之间的差距。学习者可能需要时间来适应虚拟环境，特别是在首次使用虚拟仿真时。此外，虚拟仿真可能无法完全取代实际的实践经验，因为一些领域需要学习者在现实世界中进行实际操作和互动。

(三) 建构主义理论与虚拟仿真

1. 建构主义理论概述

建构主义理论强调学习是一个积极的、主动的过程，学习者通过建构自己的知识和理解来参与学习。建构主义理论的代表人物包括皮亚杰、杜威和巴尔提斯等。建构主义认为学习者通过与环境互动、提出问题、探索和合作来建构知识。学习者被视为知识的建设者，而不仅仅是信息的接收者。

2. 虚拟仿真在建构主义教育中的应用

虚拟仿真技术与建构主义理论相互契合，因为它提供了学习者参与建构知识的机会。在虚拟仿真中，学习者可以通过探索虚拟环境、提出问题、进行实验和合作来建构知识。他们可以通过试验和错误的方式探索知识，反思和调整他们的理解。虚拟仿真还可以促进合作学习，学习者可以在虚拟环境中共同解决问题，分享知识和协作完成任务。例如，在虚拟化学实验中，学生可以一起探索反应和解决化学问题。

3. 虚拟仿真的优势和局限

虚拟仿真在建构主义教育中的应用具有多种优势。它提供了丰富的学习体验，鼓励学习者积极参与，提出问题和解决问题。虚拟仿真还可以促进自主学习，让学习者自行探索知识，并根据自己的理解建构知识。此外，虚拟仿真可以为学习者提供多种资源和工具，以支持他们的建构过程。

然而，虚拟仿真也存在一些局限，包括技术要求、学习者的自主性和建构过程的复杂性。学习者可能需要时间来适应虚拟仿真环境，特别是在首次使用时。虚拟仿真还可能需要有效的指导和支持，以帮助学习者将他们的建构过程纳入教育目标。虚拟仿真还需要考虑学习者的多样性和个体差异，以确保每个学习者都能获得有意义的建构经验。

（四）社会建构主义理论与虚拟仿真

1. 社会建构主义理论概述

社会建构主义理论强调学习是社会性的过程，学习者通过社会互动和合作来建构知识。社会建构主义的代表人物包括维果茨基、齐格尔和伯内特等。社会建构主义认为知识是在社会和文化背景中建构的，学习者通过参与社会互动、对话和合作来获取知识。社会建构主义强调学习社区、合作和共同建构的重要性。

2. 虚拟仿真在社会建构主义教育中的应用

虚拟仿真技术与社会建构主义理论相契合，因为它可以促进学习者之间的社会互动和合作。在虚拟仿真中，学习者可以共同探索虚拟环境、进行合作任务、分享知识和共同建构理解。虚拟仿真还可以模拟社会情境，例如团队协作、危机管理和社会互动，以帮助学习者开发社会技能。例如，在虚拟团队项目中，学生可以一起解决复杂问题，协作完成任务，模拟现实世界的团队合作。

3. 虚拟仿真的优势和局限

虚拟仿真在社会建构主义教育中的应用具有多种优势。它促进学习者之间的社会互动和合作，通过共同建构知识来实现深层次的理解。虚拟仿真还可以提供多样性的社会情境，帮助学习者开发社会技能，如合作、沟通和解决冲突。此外,虚拟仿真可以为学习者提供全球范围内的合作机会,与来自不同背景和文化的学习者互动。

然而,虚拟仿真在社会建构主义教育中的应用也存在一些局限,包括技术要求、社会互动的有效性和建构过程的复杂性。虚拟仿真可能需要较高的技术要求,包括计算机硬件和软件,这可能限制了一些学习者的参与。社会互动在虚拟环境中可能会受到限制,因为它可能无法完全模拟现实世界的社会情境。虚拟仿真的建构过程可能需要有效的指导和支持,以确保学习者能够积极参与社会互动和共同建构知识。

(五)情感学习理论与虚拟仿真

1. 情感学习理论概述

情感学习理论强调情感在学习中的重要性,认为情感是知识获取和记忆的关键。情感学习理论认为情感可以影响学习者的兴趣、动机和记忆。学习者的情感状态会影响他们对学习任务的投入和学习成果。情感学习理论强调创造积极情感体验,以促进学习。

2. 虚拟仿真在情感学习中的应用

虚拟仿真技术可以用于创造积极的情感体验,激发学习者的兴趣和动机。在虚拟仿真中,学习者可以通过与虚拟环境互动,探索未知领域,获得成就感和满足感。虚拟仿真还可以模拟情感激发的情境,例如紧急情况、决策挑战和情感交流。学习者可以在虚拟环境中体验情感并应对情感,这有助于情感管理和情感智能的培养。例如,在虚拟临床模拟中,学生可以面对患者的情感需求,学会如何应对焦虑、恐惧和情感痛苦。

3. 虚拟仿真的优势和局限

虚拟仿真在情感学习中的应用有多种优势。它可以创造具有情感共鸣的学习体验,激发学习者的情感投入和参与。虚拟仿真还可以提供情感挑战,让学习者应对不同情感状态和情感需求。此外,虚拟仿真可以模拟现实世界的情感情境,帮助学习者培养情感智能,如同情感管理、同理心和情感表达。

然而，虚拟仿真在情感学习中的应用也存在一些局限，包括情感模拟的真实性、情感体验的一致性和情感管理的教育目标。虚拟仿真的情感模拟可能无法完全模拟现实世界的情感体验，因为它仍然受到技术和虚拟环境的限制。情感体验的一致性可能会因学习者的个体差异而异，不同学习者可能对相同的情感刺激有不同的反应。情感管理的教育目标需要有效的指导和支持，以帮助学习者理解和应对情感，并将情感体验与知识建构相结合。

三、实训基地建设的理论支持

实训基地是教育和职业培训的关键组成部分，为学生和职业人员提供了实际工作经验和技能培训的机会。实训基地的建设涉及多个方面，包括物理设施、教育资源、教学方法和教育理念。在实际建设过程中，理论支持是至关重要的，因为它可以指导实训基地的规划、设计和运营。

(一) 职业教育理论

1. 职业教育的重要性

职业教育是培养和提高工作技能的关键途径，它致力于为学生提供实际职业经验，以满足市场需求和职业发展的要求。职业教育的目标是为学生提供与特定职业领域相关的知识和技能，以便他们能够成功就业并胜任工作任务。职业教育不仅有助于学生的职业发展，还有助于社会和经济的发展。

2. 职业教育理论支持

职业教育理论提供了指导实训基地建设的重要原则。一些重要的职业教育理论包括：

技术教育理论：技术教育理论强调培养学生的实际技能和知识，以满足职业需求。实训基地的建设应该为学生提供实际的技术培训和实践机会，以增强他们的职业竞争力。

职业发展理论：职业发展理论强调了职业规划和发展的重要性。实训基地应该为学生提供有关不同职业领域和职业发展路径的信息，以帮助他们做出明智的职业选择。

学习型组织理论：学习型组织理论强调机构应该不断学习和适应变化，以满足市场需求。实训基地的建设应该包括机制，以确保不断更新和改进培训课程和资源，以适应不断变化的职业环境。

质量教育理论：质量教育理论强调教育应该注重质量和效益。实训基地的建设应该追求教育质量的最高水平，确保学生获得高质量的培训和教育。

社会认知理论：社会认知理论认为学习是社会互动的产物，学生通过观察和模仿他人来学习。实训基地应该提供机会，让学生与专业人士互动，并从他们的经验中学习。

这些职业教育理论提供了实训基地建设的理论支持，强调了实际技能培训、职业发展和学习质量的重要性。

（二）技能培训理论

1. 技能培训的概念

技能培训是一种专门针对特定技能和知识的培训，旨在提高学生在特定领域的实际能力。技能培训通常侧重于实际操作和实践，以确保学生具备特定职业或领域的所需技能。技能培训的目标是使学生能够胜任特定工作任务，增强他们的就业竞争力。

2. 技能培训理论支持

技能培训理论提供了实训基地建设的重要指导原则。一些关键的技能培训理论包括：

培训需求分析：培训需求分析是确定学生需要哪些技能和知识的过程。实训基地的建设应该基于详细的培训需求分析，以确保提供与职业领域相关的培训。

实际操作和模拟：技能培训强调实际操作和模拟，以确保学生能够应用他们的知识和技能。实训基地应提供逼真的模拟环境，以便学生进行实际操作和实践。

持续评估和反馈：技能培训应包括持续的评估和反馈机制，以确保学生的技能不断提高。实训基地的建设应包括评估和反馈工具，以帮助学生识别和改进他们的弱点。

个性化学习：技能培训理论强调个性化学习，因为不同学生可能具有不同的技能水平和学习速度。实训基地应提供个性化学习机会，以满足学生的个体需求。

实际应用和职业发展：技能培训应侧重于实际应用和职业发展。实训基地的建设应该帮助学生将他们的技能应用于实际工作，并支持他们的职业发展。

这些技能培训理论提供了实训基地建设的理论支持，强调了培训需求分析、实际操作、评估和个性化学习的重要性。

(三) 实践教育理论

1. 实践教育的概念

实践教育是一种强调实际工作经验和实践的教育方法。实践教育的目标是为学生提供实际职业经验，以增强他们的实际技能和知识。实践教育强调学生在真实工作环境中的参与，以使他们能够更好地适应职业要求。

2. 实践教育理论支持

实践教育理论提供了实训基地建设的理论支持，强调了实际工作经验和实践的重要性。一些重要的实践教育理论包括：

参与性学习：参与性学习理论强调学生的积极参与和实际参与，以促进学习。实训基地的建设应该为学生提供参与性学习的机会，让他们在实际工作环境中积累经验。

学习社区：学习社区理论认为学习是社会性的，学生通过参与社区和实践活动来学习。实训基地的建设应该促进学生与专业人士和同行的互动，以帮助他们建立学习社区。

反思和实践：反思和实践理论认为学习需要反思和实践的过程。实训基地应该鼓励学生反思他们的实际工作经验，并将反思与实践相结合，以提高他们的学习效果。

跨学科学习：跨学科学习理论认为学习应该跨足学科领域，以综合不同领域的知识和技能。实训基地的建设应该促进跨学科学习，以提供全面的教育体验。

这些实践教育理论提供了实训基地建设的理论支持，强调了参与性学习、学习社区、反思和实践、跨学科学习等重要原则。

第四节 虚拟仿真技术在高职院校课程实训中的应用

一、课程实训的重要性

课程实训是教育领域中的一种关键教育方法，旨在将理论知识与实际应用相结合，使学生能够获得实际技能和经验。课程实训通常包括实际操作、模拟任务、项目工作和实际场景的应用，旨在为学生提供丰富的学习经验，帮助他们更好地准备应对现实世界中的挑战。

（一）提供实际职业经验

1. 职业发展准备

课程实训为学生提供了宝贵的实际职业经验，使他们更好地准备进入职场。通过实际操作和模拟任务，学生可以在安全的环境中练习和应用他们所学的技能，从而增加他们在特定职业领域的自信心。这有助于学生更好地适应职场要求，缩短适应期，提高就业竞争力。

2. 接触现实工作环境

课程实训使学生能够与现实工作环境接触，了解特定职业领域的工作要求和流程。通过参与实际项目和任务，学生可以更好地理解他们所学的知识如何在实际工作中应用。这种经验有助于消除理论知识和实际工作之间的鸿沟，提高学生的职业适应性。

3. 建立职业网络

课程实训还为学生提供了建立职业网络的机会。在实际工作环境中，学生可以与行业专业人士、同行和导师互动，建立有价值的职业联系。这些联系可以为将来的职业发展提供支持和机会。

（二）知识应用与理论实践结合

1. 知识的实际应用

课程实训通过将理论知识与实际应用相结合，使学生能够更好地理解和应用所学的知识。学生通过实际操作和任务，将抽象的理论知识转化为具体的实际技能。这有助于加深他们对知识的理解，并使之更易于掌握和记忆。

2. 培养问题解决能力

课程实训培养了学生的问题解决能力。在实际操作和项目中，学生常常面临各种挑战和问题，需要找到解决方案。这种实践性的学习过程有助于培养学生的创造性思维、分析能力和解决问题的技能。学生在处理实际问题时，学会了自主思考和独立解决困难。

3. 提高综合素质

课程实训不仅关注专业知识和技能的培养，还注重学生的综合素质发展。学生在实际操作中需要展现出沟通能力、团队合作、时间管理和领导才能等综合素质。这有助于学生综合发展，使他们更具竞争力。

(三)实际经验的价值

1.增加就业竞争力

课程实训提供的实际经验对学生的就业竞争力有显著的提升作用。雇主通常更愿意雇佣具有实际经验的候选人,因为他们无需花时间和资源培训他们,能够迅速适应工作。学生通过课程实训积累的实际经验成为了有竞争力的候选人,更容易获得就业机会。

2.帮助学生明确职业方向

课程实训有助于学生明确自己的职业方向。在实际操作和项目中,学生可以亲身体验特定职业领域的工作,了解工作内容和职业要求。这有助于他们更好地理解自己的兴趣和职业目标,做出明智的职业选择。

3.增强自信心

通过成功完成实际任务和项目,学生的自信心得到了增强。他们对自己的能力有更大的信心,相信自己可以胜任特定领域的工作。这种自信心对职业发展和个人成长都至关重要。

(四)促进终身学习

课程实训培养了学生的终身学习意识。学生通过实际经验意识到,学习不仅仅是为了取得学位或证书,而是为了不断提高自己的职业技能。他们明白了终身学习的重要性,愿意不断更新自己的知识和技能,以适应不断变化的职业环境。

(五)促进创新和实践

课程实训鼓励学生在实际工作中实践和创新。学生在项目中常常需要寻找新的解决方案,改进现有的流程,或者设计新的产品和服务。这种实践和创新精神有助于培养学生的创业精神和创新能力,为他们未来的职业和创业机会提供了基础。

(六)提高教育质量

课程实训有助于提高教育质量。它使教育更具实际意义和实用性,帮助学生将理论知识应用于实际工作中。学生通过实际操作和项目，能够更深入地理解和掌握所学的知识，从而提高学习的效果。教育机构通过提供课程实训，可以提高他们的教育质量和声誉。

（七）满足雇主需求

课程实训有助于满足雇主的需求。雇主通常寻求具有实际经验和技能的员工，能够迅速适应工作并提供价值。课程实训使学生具备了这些能力，使他们更受雇主青睐。教育机构通过提供实际经验，可以更好地满足雇主的用人需求，为学生提供就业机会。

（八）提高社会经济发展

课程实训对社会和经济发展也具有重要作用。通过培养具有实际技能和经验的人才，课程实训有助于提高劳动力市场的综合水平，促进产业和经济的发展。

（九）适应不断变化的职业环境

现代职业环境不断变化和演进，要求员工具备不断学习和适应新技术和趋势的能力。课程实训培养了学生的适应性和学习能力，使他们更能够在快速变化的职业环境中立足。这有助于学生实现职业可持续发展，不断适应新挑战。

总的来说，课程实训在教育领域中扮演着至关重要的角色。它为学生提供实际职业经验，促使他们将知识应用于实际工作中，培养了问题解决能力和综合素质，增加了就业竞争力，促进了终身学习和创新，提高了教育质量，满足了雇主需求，促进了社会经济发展，帮助学生适应不断变化的职业环境。因此，课程实训不仅对学生个体的职业发展有益，还对社会和经济的发展产生积极影响。在教育体系中，应重视并支持课程实训，以确保学生获得全面的教育和培训，有能力在职业生涯中成功应对各种挑战。

二、虚拟仿真技术在不同专业课程中的应用

虚拟仿真技术是一种利用计算机和相关技术模拟真实世界情境的方法。它已经在各种不同领域中取得了显著的应用,并在教育领域中也有着广泛的应用。虚拟仿真技术可以提供互动性、实验性和可视化的学习体验,有助于学生更好地理解和掌握专业知识。以下为虚拟仿真技术在不同专业课程中的应用:

(一) 医学领域

虚拟仿真技术在医学领域中具有巨大的潜力。医学学生可以使用虚拟仿真技术进行虚拟手术实践,模拟各种外科手术和内窥镜检查。这种模拟训练有助于提高学生的手术技能,降低实际手术风险,提高患者的安全性。此外,虚拟仿真技术还可以用于模拟各种医疗紧急情况,如心肺复苏和创伤护理培训。通过这种方式,医学生可以在模拟环境中练习并提高其紧急情况处理技能。

虚拟仿真技术还可以用于医学诊断培训。学生可以与虚拟患者进行互动,学习如何进行病史采集和体格检查。这种虚拟实践有助于提高学生的诊断技能和沟通能力。此外,虚拟仿真技术还可以用于模拟医疗设备的使用和操作,如心脏监护仪和呼吸机。这有助于确保医护人员能够正确操作这些设备,提供高质量的医疗护理。

虚拟仿真技术还可以用于医学研究。科研人员可以使用虚拟模型来模拟生物过程,研究疾病机制,开发新的治疗方法。例如,虚拟仿真技术可以用于分子建模,以研究药物与受体之间的相互作用。这有助于加速新药的开发过程,降低研发成本。

(二) 工程领域

虚拟仿真技术在工程领域中也有广泛的应用。工程学生可以使用虚拟

仿真技术来进行设计和测试。他们可以创建虚拟原型，模拟不同工程方案的性能，以选择最佳的设计。这有助于提高工程项目的效率和可持续性。

（三）农业领域

虚拟仿真技术还可以用于模拟不同农业实践，如作物种植和养殖。农业学生可以使用虚拟仿真技术来模拟不同农业系统的运作，学习如何最大化农产品产量和质量。这对于培养新一代农业专业人才非常重要，特别是在面对气候变化和资源限制的情况下。

虚拟仿真技术还可以用于农业病虫害的管理。农业专业学生可以使用虚拟模型来研究病虫害的传播和控制方法，进行深入的学术研究。

（四）管理领域

虚拟仿真技术在管理领域也有广泛的应用。虚拟仿真技术可以用于模拟不同管理决策的后果，帮助管理学生和专业人士更好地理解和应对复杂的管理挑战。以下是一些在管理领域中的虚拟仿真应用：

经营模拟：虚拟企业经营模拟游戏可以帮助管理学生模拟经营决策，如市场营销、财务管理、人力资源和供应链管理。通过这些模拟，学生可以了解决策的影响，从而提高管理决策的智慧。

项目管理：虚拟项目管理模拟可以帮助项目管理专业人士练习项目计划和风险管理。他们可以模拟项目执行，协调资源，解决问题，并学习如何在预算和时间限制下完成项目。

团队协作：虚拟仿真技术可以用于团队协作培训。学生和专业人士可以在虚拟环境中模拟不同的协作场景，学习如何有效沟通、解决冲突和协同工作。这对于培养高效的团队领导和团队成员至关重要。

领导力发展：虚拟仿真技术可以用于领导力培训。学生和专业人士可以模拟领导不同类型的组织，并面对领导挑战，如决策制定、变革管理和员工激励。这有助于提高领导技能和决策能力。

（五）艺术领域

虚拟仿真技术在艺术领域中也有着广泛的应用。艺术学生可以使用虚拟仿真技术来进行数字绘画和雕塑，创建虚拟艺术品。这为艺术专业的学生提供了一个新的媒体和创作方式，扩展了他们的创意空间。

虚拟现实和增强现实技术还可以用于创造互动性的艺术品和艺术展览。观众可以通过虚拟头盔或 AR 应用程序参与艺术品，与艺术品互动，深入了解艺术家的创作意图。

虚拟仿真技术还可以用于舞蹈和戏剧表演的培训。演员和舞者可以使用虚拟环境来练习和改进他们的表演技巧。这可以模拟各种舞台和演出情境，为表演者提供更多的实践机会。

尽管虚拟仿真技术在各个专业领域中具有广泛的应用，但它也面临一些挑战。首先，虚拟仿真技术的开发和维护成本可能很高，需要专业技术支持和硬件设备。此外，虚拟仿真技术的有效性需要经过科学验证，以确保它确实能够提高学习和培训效果。

未来，随着虚拟现实和增强现实技术的不断发展，虚拟仿真技术在教育领域的前景将更加广阔。这些技术将变得更加易于使用和普及，为学生和专业人士提供更多的沉浸式学习体验。此外，虚拟仿真技术还可以更好地个性化学习，根据学生的需求和进度提供定制的教育体验。

虚拟仿真技术在不同专业课程中的应用已经带来了显著的教育和培训优势。它提供了互动性、实验性和可视化的学习体验，有助于学生更好地理解和掌握专业知识。无论是医学、工程、农业、管理还是艺术领域，虚拟仿真技术都为学生和专业人士提供了更多的实践机会和更丰富的学习体验。

尽管虚拟仿真技术面临一些挑战，但随着技术的不断发展，它在教育领域的应用前景将更加广阔。虚拟仿真技术有望成为未来教育和培训的重要组成部分，为学生和专业人士提供更多的机会，以提高他们的技能和知识水平。

第五节　实训基地建设的关键要素与指导原则

一、实训基地规划与建设的关键要素

实训基地是教育和培训体系中的重要组成部分，它为学生提供了实践和应用他们所学知识和技能的机会。无论是面向学校教育、职业培训还是职业发展，实训基地都扮演着至关重要的角色。

（一）选址

实训基地的选址是建设过程中至关重要的一环。选址需要考虑多个因素，包括地理位置、可达性、环境条件和社会支持等。以下是选址的关键要素：

地理位置：实训基地的地理位置应与目标学生群体的分布相匹配。它应该位于学校、培训中心或工作场所附近，以便学生可以方便地访问。

可达性：实训基地应容易到达，学生和教育者不应面临过多的交通和交通障碍。交通设施的便捷性，也是一个重要的考虑因素。

环境条件：实训基地的环境条件应符合学习和培训的要求。这包括安全性、卫生、设施的齐备和周围环境的舒适性。合适的环境条件对学生的学习和培训体验至关重要。

社会支持：实训基地的选址还应考虑社会支持因素，如当地政府、企业和社区的支持。这些机构和团体可以为实训基地提供资源、资金和合作机会，以促进实训的成功。

（二）设施

实训基地的设施是学习和培训的关键组成部分。设施应具备适当的容量、设备和资源，以支持实际操作和应用学习。以下是设施的关键要素：

教室和实验室：实训基地应提供适当的教室和实验室，用于理论教育和实际实训。这些空间应根据不同学科和行业的需求进行设计，并配备合适的设备和技术。

功能性设施：根据实际培训需求，实训基地可能需要包括模拟工作场所、实验室、车间、医疗诊所、餐饮厨房等特定功能性设施。这些设施应模拟真实工作环境，提供实际操作的机会。

资源支持：实训基地应提供学习和培训所需的资源，包括教材、工具、材料和设备。这些资源应保持更新，以反映行业的最新发展。

安全设施：实训基地应注重安全，包括防火设备、急救设施、紧急通信和安全培训。学生和教育者的安全是最重要的。

辅助设施：实训基地还可以提供学生和教育者的休息区、食堂、图书馆、电脑室和娱乐设施，以提供全面的学习和生活支持。

(三) 设备

实训基地的设备是实际操作和应用学习的核心。设备的选择和维护对于培训的成功至关重要。以下是设备的关键要素：

先进技术设备：实训基地应提供最新的技术设备，以确保学生接触到最新的行业标准和工具。这包括计算机、机械设备、实验仪器等。

设备维护：设备的维护是至关重要的，以确保设备的正常运行。实训基地应制定维护计划和程序，以确保设备处于最佳状态。

安全设备：特定行业和领域的实训基地还需要提供必要的安全设备，如防护服、安全眼镜、头盔等，以保护学生和教育者的安全。

(四) 课程设计

实训基地的课程设计是培训的核心。课程设计应根据学科和行业的需求，结合理论教育和实际操作，提供综合性的学习体验。以下是课程设计的关键要素：

学习目标：课程设计应明确学习目标和预期结果。学生应知道他们将学到什么，以及如何评估他们的学习成果。

实践性学习：课程设计应强调实际操作和实践性学习。学生应通过模拟任务、项目和实验来应用他们所学的知识和技能。这有助于巩固他们的理论学习，并提供实际经验。

课程内容：课程设计应包括相关和实际的课程内容，以确保学生在实际工作中能够应对挑战。内容应基于最新的行业标准和实践。

教育方法：课程设计应考虑不同的教育方法，包括面对面教学、实验、项目工作、案例研究和在线学习。这有助于满足不同学生的学习需求。

评估方法：课程设计应包括合适的评估方法，以测量学生的学习成果。评估可以包括考试、项目报告、实际操作和绩效评价等。

（五）合作伙伴关系

实训基地的规划和建设需要建立合作伙伴关系，以提供支持和资源。以下是合作伙伴关系的关键要素：

企业合作：与相关行业的企业建立合作伙伴关系是实训基地的重要部分。这些合作可以提供实际工作机会、实习机会和就业机会，以确保学生在培训期间获得实际经验。

政府支持：政府和政府机构可以提供资金支持和政策支持，以促进实训基地的建设和运营。政府合作也有助于实训基地的认证和监管。

教育合作：与学校、大学和其他培训机构建立合作伙伴关系可以提供学术支持和资源共享。这有助于丰富实训基地的教育资源和师资力量。

社区合作：与社区组织和非营利机构建立合作伙伴关系可以提供社会支持和资源共享。这些合作可以促进实训基地的社会影响和可持续性。

（六）质量保障

质量保障是实训基地的成功和可持续性的关键要素。以下是质量保障的关键要素：

质量标准：实训基地应建立质量标准和评估机制，以确保培训的质量。

这些标准应基于行业标准和最佳实践。

教育者培训：实训基地的教育者和教育工作人员需要接受培训，以提高他们的教育和培训能力。培训包括课程设计、教学方法和评估方法。

学生支持：实训基地应提供学生支持服务，包括学术咨询、职业指导和心理支持。这有助于确保学生在培训期间取得成功。

持续改进：实训基地应进行定期评估和持续改进，以确保培训的效果和质量。这包括课程更新、设备维护和师资力量的提高。

实训基地规划与建设是教育和培训体系中的关键要素，它为学生提供了实践和应用知识和技能的机会。选址、设施、设备、课程设计、合作伙伴关系和质量保障等关键要素都必须得到充分考虑，以确保实训基地的成功和可持续性。只有通过全面的规划和建设，实训基地才能为学生提供最佳的学习和培训体验，为他们的职业生涯做好准备。

二、实训基地建设的指导原则

实训基地是教育和培训领域的重要组成部分，它为学生提供了实践和应用知识与技能的机会。实训基地的建设不仅对学生的职业发展至关重要，还对行业和社会的发展起到重要作用。为了确保实训基地的建设达到最佳效果，需要遵循一些关键的指导原则。

（一）目标明确

实训基地建设的第一个指导原则是确保目标明确。建设实训基地之前，需要明确定义所期望的培训和教育目标。这些目标应该与课程、行业需求和学生需求相一致。明确的目标可以帮助指导实训基地的规划、设施、设备、课程设计和评估方法。此外，这些目标也可以作为后续评估的依据，以确保实训基地的成功和效果。

在明确目标时，还需要考虑实训基地的受众。不同的学生群体和行业领域可能有不同的培训需求和目标。因此，在建设实训基地之前，需要对受众的需求和期望进行充分的调研和分析，以确保实训基地能够满足他们的需求。

（二）质量导向

实训基地建设的第二个指导原则是质量导向。质量是实训基地的核心，它直接关系到培训的效果和学生的职业发展。因此，建设实训基地时应将质量放在首位。

质量导向包括以下几个方面：

质量标准：实训基地应根据行业标准和最佳实践建立质量标准。这些标准可以涵盖设施、设备、课程设计、评估方法和教育者培训等各个方面。

持续改进：实训基地应建立持续改进的机制，以不断提高培训的质量。这包括定期的评估和反馈，以及改进措施的实施。

质量保障体系：建设实训基地时，应建立质量保障体系，包括内部和外部审核，以确保质量的一致性和可持续性。

教育者培训：实训基地的教育者和教育工作人员需要接受专业培训，以提高他们的教育和培训能力。只有具备高质量的师资力量，才能提供高质量的培训。

（三）适应性

实训基地建设的第三个指导原则是适应性。教育和职业培训领域不断发展和演变，因此实训基地需要具备适应性，以满足不断变化的需求和趋势。

适应性包括以下几个方面：

行业需求：实训基地应与相关行业和雇主保持密切联系，以了解他们的需求和期望。只有与行业对接，才能为学生提供与实际工作相关的培训。

技术更新：实训基地应定期更新设备和技术，以反映行业的最新发展。技术的快速变化需要实训基地具备更新设备和教材的能力。

灵活性：实训基地应具备灵活性，以适应不同学科、学生群体和教育需求。这包括不同培训模式的选择，如全日制、兼职、在线学习等。

跨学科培训：实训基地可以考虑提供跨学科的培训，以培养学生的多元技能。这可以增加学生的就业机会和竞争力。

（四）可持续性

实训基地建设的第四个指导原则是可持续性。可持续性涉及资源的有效管理和长期运营。实训基地应考虑以下几个方面，以确保可持续性：

资金管理：实训基地需要建立有效的资金管理机制，以确保资源的有效使用。这包括预算编制、成本控制和资金筹集。

合作伙伴关系：与政府、企业、社会组织和学术机构建立合作伙伴关系，以获得资源和支持，促进实训基地的可持续发展。

设备维护：设备和设施的维护是实训基地的长期运营的关键。定期维护和更新设备，以确保其正常运行。

教育者培训：实训基地的教育者和教育工作人员需要不断接受培训和专业发展，以提高教育和培训能力。这有助于保持教育质量，并促进实训基地的可持续发展。

市场营销和就业机会：实训基地应积极进行市场营销，吸引更多的学生和行业合作伙伴。此外，实训基地还应与企业建立就业联系，以确保学生毕业后能够找到合适的工作机会，从而增加实训基地的声誉和吸引力。

可持续性不仅关系到实训基地的长期运营，还关系到其在教育和培训领域的持久性和影响力。只有确保可持续性，实训基地才能持续为学生和社会提供价值。

（五）社会责任

实训基地建设的第五个指导原则是社会责任。实训基地应积极履行社会责任，以回馈社会和促进社会发展。

社会责任包括以下几个方面：

社区参与：实训基地应与当地社区合作，提供教育和培训机会，以提高社区居民的素质和就业机会。这有助于改善社区的经济状况。

社会服务：实训基地可以提供社会服务，如职业咨询、职业培训和技能培训，以帮助人们提高生活质量。

可持续发展：实训基地应考虑可持续发展的原则，包括环境保护、资源节约和社会公平。

遵守法规：实训基地应遵守所有相关法规和法律，合法合规的运营对于社会责任至关重要。

承担社会责任不仅有助于提升实训基地的社会声誉，还有助于满足社会的期望和需求。实训基地作为教育和培训领域的一部分，应该在社会中起到示范和引领作用。

实训基地建设的指导原则是确保建设和运营实训基地的关键要素。这些指导原则包括目标明确、质量导向、适应性、可持续性和社会责任。只有在遵循这些原则的基础上，实训基地才能为学生提供最佳的学习和培训体验，为他们的职业发展做好准备，同时也为行业和社会的发展做出贡献。建设和管理实训基地需要综合考虑这些原则，以确保其成功和持续性发展。

第二章　高职院校虚拟仿真实训基地综合规划与设计

第一节　实训基地规划的必要性和意义

一、规划对实训基地的重要性

实训基地作为教育和培训领域的重要组成部分，扮演着为学生提供实际操作和应用知识与技能的关键角色。然而，实训基地的建设和管理需要经过精心的规划，以确保其有效性、可持续性和质量。

（一）目标明确

规划对实训基地的重要性体现在明确目标和愿景上。在建设和管理实训基地之前，需要明确界定其目标和期望的结果。这些目标应该与课程要求、行业需求和学生需求相一致。明确的目标有助于指导实训基地的规划、设施、设备、课程设计和评估方法。同时，这些目标还可以作为后续评估的依据，以确保实训基地的成功和效果。

在明确目标时，还需要考虑实训基地的受众。不同学生群体和行业领域可能有不同的培训需求和目标。因此，在规划实训基地时，需要对受众的需求和期望进行充分的调研和分析，以确保实训基地能够满足他们的需求。

目标明确的规划不仅有助于提高实训基地的效益，还有助于优化资源的分配和利用，提高培训的效果，为学生的职业发展做好准备。

（二）资源有效利用

规划对实训基地的重要性还在于有效地利用资源。实训基地的建设和运营需要大量的资源，包括资金、设施、设备、师资力量和时间。规划有助于确保这些资源的有效分配和利用，以实现最佳的成本效益。

以下是一些资源的有效利用方面的考虑：

资金管理：规划需要考虑资金的有效管理，包括预算编制、成本控制、资金筹集和财务监管。有效的资金管理可以确保资源的充分利用。

设备和设施：实训基地的设备和设施需要根据需求和目标进行规划。这包括设备的类型、数量、维护和更新。规划可以帮助确定最佳的设备配置，以满足培训需求。

师资力量：规划还需要考虑教育者和教育工作人员的需求，包括招聘、培训和绩效评估。师资力量的合理配置可以提高教育质量。

时间管理：规划还包括时间的管理，包括课程安排、项目计划和绩效评估。合理的时间管理有助于提高效率和学习进度。

资源的有效利用可以帮助实训基地最大程度地发挥作用，为学生提供高质量的培训和教育。

（三）质量保障

规划对实训基地的重要性还在于质量保障。质量是实训基地的核心，它直接关系到培训的效果和学生的职业发展。规划应包括以下几个方面，以确保培训的质量：

质量标准：规划需要建立质量标准和评估机制，以确保培训的质量。这些标准可以涵盖设施、设备、课程设计、评估方法和教育者培训等各个方面。

持续改进：规划应包括持续改进的机制，以不断提高培训的质量。这包括定期的评估和反馈，以及改进措施的实施。

质量保障体系：规划需要建立质量保障体系，包括内部和外部审核，以确保质量的一致性和可持续性。

教育者培训：规划应考虑教育者和教育工作人员的培训需求，以提高他们的教育和培训能力。只有具备高质量的师资力量，才能提供高质量的培训。

质量保障是实训基地的核心要素，对于培训的成功和学生的职业发展至关重要。

（四）可持续性

规划对实训基地的重要性还在于确保其可持续性。可持续性涉及资源的有效管理和长期运营。规划应考虑以下几个方面，以确保实训基地的可持续性：

资金管理：规划需要包括资金管理策略，确保资源的长期可持续使用。这包括预算编制、成本控制、资金筹集和财务监管，以满足实训基地的运营需求。

合作伙伴关系：实训基地可以与政府、企业、社会组织和学术机构建立合作伙伴关系，以获得资源和支持，促进实训基地的可持续发展。这些合作伙伴可以提供资金、设备、专业知识和培训资源，有助于维持实训基地的运营。

设备维护和更新：规划还需要考虑设备和设施的维护和更新。定期维护设备和设施，确保它们保持良好状态，延长使用寿命，减少维修成本，并降低资源浪费。

师资力量的可持续发展：规划应考虑教育者和教育工作人员的培训和发展，以确保他们能够不断提高教育和培训能力。这有助于保持教育质量，并促进实训基地的可持续性。

市场营销和就业机会：实训基地应积极进行市场营销，吸引更多的学生和行业合作伙伴，提高实训基地的知名度和声誉。同时，与企业建立就业联系，确保学生毕业后能够找到合适的工作机会，增加实训基地的可持续性。

可持续性不仅关乎实训基地的长期运营，还关乎其在教育和培训领域的持久性和影响力。只有确保可持续性，实训基地才能持续为学生和社会提供价值。

二、实训基地规划的意义与影响

实训基地规划是指对一个特定的地区或场地进行合理、科学、系统的规划，以满足特定的实训需求。实训基地规划不仅包括了基础设施的建设，还涵盖了各种资源的合理分配、管理和利用，以及未来发展的战略性考虑。实训基地规划的重要性不仅体现在为学习者提供更好的实践机会，还影响着教育体系、经济发展、社会进步等多个方面。

（一）实训基地规划的意义

1.提高教育质量

实训基地规划可以提高教育质量，为学习者提供更好的实践机会。通过合理的规划，可以确保实训基地的设施和资源充足、现代化，满足不同学科和专业的实践需求。这有助于培养学生的实际操作能力和职业技能，提高他们的就业竞争力。

2.促进跨学科合作

实训基地规划可以促进跨学科合作，为不同学科和专业的学生提供互相学习的机会。例如，一个综合性的实训基地可以让工程学、医学、艺术和商科学生在一个共享的环境中交流和合作，促进创新和知识交流。

3.服务社会发展

实训基地规划不仅服务于学校的教育事业，还可以为社会的发展做出贡献。例如，一个针对农业实践的实训基地可以帮助改善农村地区的农业生产水平，提高农民的收入。这有助于减少城乡差距，促进社会的可持续发展。

4. 培养创新精神

通过实训基地规划，可以为学生提供更多的创新和实践机会，培养他们的创新精神。学生可以在实践中尝试新的想法和技术，解决实际问题，从而提高他们的创新能力。这对于社会的创新和发展非常重要。

5. 提高教师素质

实训基地规划也可以提高教师的素质。规划过程中，需要教师参与，他们可以学习最新的教育理念和实践，提高自己的教育水平。同时，实训基地的建设和管理也需要专业的教育管理人员，他们的素质也将得到提升。

6. 适应经济需求

实训基地规划可以使教育更好地适应经济的需求。规划可以根据当地产业的发展情况来确定需要培养的人才，从而为就业市场提供更多的劳动力资源。这有助于减少失业率，促进经济增长。

7. 促进国际交流与合作

实训基地规划可以促进国际交流与合作。一些实训基地可能吸引国外学生或合作伙伴，从而促进国际学术和文化交流。这有助于提高学校的国际影响力和声誉。

8. 保障实训的安全和质量

实训基地规划还有助于确保实训的安全和质量。规划可以包括设备和设施的维护计划，以及安全规程的制定。这可以降低事故发生的风险，保障学生和教职员工的安全。

(二) 实训基地规划的影响

1. 教育体系的改善

实训基地规划对整个教育体系都有积极的影响。它可以提高学校的教育质量，培养更多的优秀人才，增强学校的竞争力。此外，规划还可以促进教育改革和创新，推动教育体系的不断完善。

2. 经济发展的推动

实训基地规划有助于推动经济发展。通过培养更多的具备实际操作技能的人才，可以提高劳动力市场的竞争力，吸引更多的投资和产业发展。此外，实训基地本身的建设和运营也可以创造就业机会，促进地方经济的增长。

3. 社会进步与公平

实训基地规划有助于促进社会进步与公平。它可以帮助改善农村地区的农业生产水平，减少城乡差距。同时，规划也可以提高弱势群体的就业机会，促进社会的公平和包容。

4. 社会服务与文化传承

一些实训基地规划也可以承担社会服务和文化传承的角色。例如，一些博物馆、艺术工作室和文化中心可以作为实训基地的一部分，提供社会教育和文化传承的场所。这有助于保护和传承文化遗产，丰富社会的文化生活。

5. 生态环境保护

实训基地规划也可以关注生态环境保护。例如，规划可以包括可持续发展的原则，确保基地的建设和运营对环境的影响最小化。这有助于保护自然资源和生态系统，促进生态文明建设。

6. 地方社区的发展

实训基地规划可以促进地方社区的发展。一个综合性的实训基地可以成为社区的重要资源，提供各种教育、文化、娱乐和体育活动。这有助于改善社区的生活质量，增强社区凝聚力，促进社区的繁荣发展。

7. 国家竞争力的提升

实训基地规划不仅对学校和地方社区有影响，也对国家竞争力有积极影响。一个国家拥有现代化、高质量的实训基地可以吸引国际学生和合作伙伴，提高国家在全球教育领域的声誉。这有助于吸引国际投资和人才，提高国家的综合竞争力。

（三）有效实训基地规划的要点

为了实现上述的意义和影响，实训基地规划需要满足一些要点：

需求分析：首先，需要进行需求分析，了解学校、社区和行业的实际需求。这可以通过调研、访谈和专家咨询来完成，以确保规划与实际需求相匹配。

多元化资源整合：实训基地规划应综合考虑多种资源，包括资金、设施、设备、人力资源等。资源整合需要科学规划，以最大程度地提高资源的利用效率。

环境保护和可持续发展：规划应注重生态环境保护和可持续发展原则。建设和运营实训基地时，应采取措施减少对环境的负面影响，确保资源的可持续利用。

创新教育理念：实训基地规划需要结合创新的教育理念，鼓励学生跨学科合作、创新实践，提高他们的综合素质和创新能力。

安全和质量管理：规划应包括安全和质量管理的措施，确保实训过程中的安全性。这包括设备维护、安全规程的制定等。

教师和管理团队的培训：规划也需要培训教师和管理团队，提高他们的素质和能力，以更好地管理和运营实训基地。

实训基地规划的意义与影响广泛而深远，它不仅提高了教育质量，促进了经济和社会的发展，还推动了科技创新、文化传承、生态环境保护和社区发展。有效的实训基地规划需要满足需求分析、多元化资源整合、环境保护和可持续发展、创新教育理念、安全和质量管理、教师和管理团队的培训等要点。通过合理的规划和持续的改进，实训基地可以不断发挥其重要作用，为学校、社会和国家的发展做出更大的贡献。

第二节 综合规划的基本原则

一、综合规划的原则与方向

综合规划是一种跨学科、跨领域的规划方法，旨在统筹考虑社会、经济、环境和文化等多个因素，以实现可持续发展和整体协调。综合规划的目标是在不同层面上实现多方面的平衡和协调，以满足社会的需求，提高生活质量，保护环境，促进经济发展，弘扬文化，维护社会公平和公正。本书将探讨综合规划的原则与方向，以及如何有效实施综合规划。

（一）综合规划的原则

1.可持续性原则

可持续性原则是综合规划的核心原则之一。综合规划应考虑社会、经济和环境的可持续性，确保规划方案在当前满足需求的同时，不损害子孙后代的权益。这需要综合考虑资源的有效利用、环境的保护和社会的平衡发展，以实现经济、社会和生态的三重共赢。

2.综合性原则

综合性原则要求综合规划考虑多个领域和因素，以解决多样性的社会问题。综合规划应超越单一领域的限制，包括社会、经济、环境、文化、基础设施等多个方面，以促进各个领域之间的协调和整合。

3.参与性原则

参与性原则强调社会各界的广泛参与和民主决策。综合规划应包括政府、社会组织、企业、居民等多方利益相关者的意见和建议，以确保规划方案符合各方的期望和需求。参与性原则还可以提高规划的可接受性和可执行性。

第二章 高职院校虚拟仿真实训基地综合规划与设计

4.预防性原则

预防性原则要求综合规划应预见潜在问题和风险，采取措施减少不利影响。这包括预防环境污染、社会不稳定、资源枯竭等问题，以确保规划的可持续性和长期有效性。

5.灵活性原则

综合规划应具有一定的灵活性，以适应不断变化的社会和经济环境。规划方案应能够根据需要进行调整和修订，以应对新的挑战和机会。这需要规划过程中考虑到不确定性和变化性。

6.综合性原则

综合规划需要综合考虑不同的因素和因果关系，以确保规划方案的协调和整合。这包括社会、经济、环境和文化等多个方面的考虑，以综合满足各方的需求和期望。

7.可行性原则

综合规划应具有可行性，能够在实际操作中得以实施。规划方案应考虑到资源的可获得性、技术的可行性、社会的接受程度等因素，以确保规划的可行性和可执行性。

（二）综合规划的方向

1.区域综合规划

区域综合规划是针对特定地区的规划，旨在协调和整合不同领域的发展，包括土地利用、交通、住房、环境保护、经济发展等。区域综合规划可以促进地区内各个领域的协调和整合，提高生活质量，促进可持续发展。

2.城市综合规划

城市综合规划是城市发展的战略性规划，旨在实现城市的可持续发展和改善居民的生活质量。城市综合规划包括城市规划、土地利用规划、基础设施规划、社会规划等多个方面，以提高城市的宜居性。

3. 社会综合规划

社会综合规划旨在协调社会各个领域的发展，包括教育、卫生、文化、就业、社会保障等。社会综合规划可以提高社会的公平和公正，促进社会的发展和进步。

4. 生态综合规划

生态综合规划是保护和管理生态环境的规划，旨在实现生态系统的可持续发展和生态保护。生态综合规划包括生态保护区规划、自然资源管理规划、环境保护规划等多个方面，以确保生态系统的健康和稳定。

5. 经济综合规划

经济综合规划是经济发展的规划，旨在提高经济的可持续性和竞争力。经济综合规划可以包括宏观经济政策、区域经济发展规划、产业发展规划、创新和科技发展规划等多个层面，以促进经济的增长和稳定。

6. 文化综合规划

文化综合规划是文化事业的规划，旨在促进文化传承和创新，提高文化产业的发展和文化服务的质量。文化综合规划包括文化遗产保护规划、文化产业发展规划、文化教育规划等多个方面，以推动文化事业的繁荣和传承。

7. 教育综合规划

教育综合规划是教育领域的规划，旨在提高教育质量和公平，促进教育体系的改革和创新。教育综合规划包括学校规划、课程规划、师资培训规划等多个方面，以提高学生的综合素质和创新能力。

8. 基础设施综合规划

基础设施综合规划是基础设施建设和管理的规划，旨在提高基础设施的效益和可持续性。基础设施综合规划包括交通规划、能源规划、水资源规划、信息技术规划等多个方面，以满足社会的基础设施需求和促进经济发展。

（三）有效综合规划的要点

为了实现综合规划的目标和原则，需要考虑以下要点：

数据收集与分析：综合规划需要充分的数据支持，包括社会、经济、环境等各个领域的数据。数据的收集和分析可以帮助规划者更好地了解问题和挑战，制定合适的规划方案。

多方参与与合作：综合规划需要多方合作和参与，包括政府、社会组织、企业、专家、居民等各方。合作可以丰富规划的视角，提高规划的质量和可行性。

长期战略与可行性：综合规划需要制定长期战略，同时考虑可行性和实施计划。规划方案应明确目标和时间表，确保规划的可持续性和可行性。

监测与评估：综合规划需要建立监测和评估机制，以跟踪规划的实施情况和效果。监测和评估可以帮助规划者及时调整方案，确保规划的有效性和可持续性。

教育与宣传：综合规划需要进行教育与宣传，向社会各界介绍规划的意义和目标，鼓励公众的参与和支持。教育和宣传可以提高规划的可接受性和可执行性。

综合规划是一种综合性的规划方法，旨在协调和整合不同领域的发展，以实现可持续发展和整体协调。综合规划的原则包括可持续性、综合性、参与性、预防性、灵活性、综合性和可行性。综合规划的方向包括区域、城市、社会、生态、经济、文化、教育、基础设施等多个领域。要实现有效的综合规划，需要数据收集与分析、多方参与与合作、长期战略与可行性、监测与评估、教育与宣传等要点。综合规划有助于实现多方面的平衡和协调，提高生活质量，促进经济发展，保护环境，弘扬文化，维护社会公平和公正。

二、教育质量与学生需求的平衡

教育是社会发展和个人成长的重要组成部分，教育质量和学生需求之间的平衡至关重要。教育质量涵盖了教育的内容、方法、资源和管理等多个方面，而学生需求包括了他们的知识、技能、兴趣、价值观和职业目标等。教育质量与学生需求的平衡不仅关系到个体学生的成长，还关系到社会的发展和进步。

（一）教育质量的概念与要素

1.教育质量的概念

教育质量是一个多维度的概念，涵盖了多个方面的内容和要素。一般来说，教育质量可以定义为一个教育体系或机构是否能够有效地实现其教育目标，以满足学生的需求，提高他们的知识、技能和素质。教育质量的衡量标准包括：

教育内容的适应性和丰富性：教育内容应当包括广泛的学科和领域，以满足学生的知识需求。内容应当更新和丰富，以适应不断变化的社会和经济环境。

教学方法的多样性和有效性：教育质量还涉及到教学方法的多样性和有效性。教师应当使用多种教育方法，以满足不同学生的学习风格和需求。教学方法应当能够激发学生的兴趣和积极性，提高他们的学习效果。

资源的充足性和质量：教育质量还与教育资源的充足性和质量有关。这包括教室、图书馆、实验室、教材、技术设备等。资源的质量和维护也是关键因素，以确保教育的有效实施。

教师的素质和能力：教育质量还依赖于教师的素质和能力。教师应当具备丰富的知识和教育经验，能够激发学生的兴趣和引导他们的学习。教师的培训和职业发展也是关键要素。

教育管理和制度：教育质量还受教育管理和制度的影响。教育管理应当能够提供有效的组织和资源分配，以支持教育的实施。教育制度应当能够鼓励创新和改进，以不断提高教育的质量。

2.教育质量的要素

教育质量的要素是构成教育质量的基本组成部分，它们共同影响着教育的有效性和效益。以下是一些教育质量的关键要素：

教材与课程：教材和课程内容应当与学生的需求和社会需求相一致。它们应当具有挑战性和启发性，以激发学生的兴趣和思考能力。

教学方法：教学方法应当多样化，能够满足不同学生的学习需求。它们应当注重互动和实践，提高学生的学习积极性和能动性。

师资队伍：教师是教育的核心要素，他们的素质和能力直接影响教育质量。教师应当具备丰富的知识和教育经验，能够引导学生的学习。

教育资源：教育资源包括教室、实验室、图书馆、计算机设备等。这些资源应当充足、现代化，并能够支持教育的实施。

教育管理：教育管理应当能够提供有效的组织和资源分配，以支持教育的实施。它还应当具备监测和评估机制，以追踪教育质量的改进。

教育制度：教育制度应当鼓励创新和改进，以不断提高教育的质量。它还应当提供公平的机会和平等的待遇，以确保每个学生都能够获得高质量的教育。

(二)学生需求的多样性与变化性

学生需求是教育的重要驱动力，学生的需求多样且具有变化性。学生需求包括以下几个方面：

知识需求：学生需要获得广泛的知识，以满足他们的学科需求。不同学生对不同学科和领域有不同的兴趣和需求。

技能需求：学生需要获得各种技能，以应对不同的职业和生活挑战。这包括基本技能如阅读、写作、计算等，也包括特定领域的专业技能。

兴趣需求：学生的兴趣需求涉及到他们的个人爱好和志趣。教育应该能够激发学生的兴趣，让他们更热爱学习。

职业需求：学生通常会追求特定职业或职业领域。他们需要获得相关的知识和技能，以为未来的职业生涯做好准备。

价值观和道德需求：教育也应该涵盖道德和价值观的培养。学生需要了解道德原则和价值观，以成为有社会责任感的公民。

社会需求：学生需要发展社交技能，以与他人建立联系和合作。他们还需要了解社会问题和解决方案，以参与社会活动和改进社会。

学生需求的多样性和变化性表明，不同学生有不同的教育需求，教育系统应该能够灵活地满足这些需求。同时，学生的需求也会随着时代和社会变化而变化，因此教育系统应该不断适应这些变化。

（三）教育质量与学生需求的平衡

教育质量与学生需求的平衡是教育系统的核心任务之一。为了实现这一平衡，需要采取以下措施：

1. 个性化教育

个性化教育是一种重要的方式，可以满足不同学生的需求。个性化教育考虑到学生的兴趣、学习风格、学科需求等因素，以为他们提供更适合的教育。这可以包括不同的课程选择、不同的教学方法、个性化的学习计划等。

2. 多样化教育内容

教育内容应该多样化，以满足学生的多样化需求。教育应该提供不仅仅是学科知识，还包括技能培训、文化教育、道德教育等。多样化的教育内容可以更好地满足学生的全面发展需求。

3. 教育资源的公平分配

教育资源应该公平分配，以确保每个学生都能够获得高质量的教育。这包括教室、图书馆、计算机设备、师资队伍等。公平分配资源可以提高教育的公平性和可及性。

4. 教师培训与发展

教师的培训和发展是关键因素，他们需要具备灵活的教育方法和技能，以满足不同学生的需求。教师培训应包括教育内容、教学方法、学生心理等多个方面。教师应不断学习和更新自己的知识和能力。

5. 教育制度的创新

教育制度需要不断创新，以适应社会的变化和学生的需求。创新可以包括教育政策、教学方法、评估体系等多个方面。教育制度的创新可以提高教育的质量和可持续性。

6. 学生参与与反馈

学生应该参与教育决策和提供反馈，以帮助教育系统更好地满足他们的需求。学生的声音应该被听取，并应用于教育改进。学生的参与可以增加他们对教育的投入和责任感。

7. 社会和行业合作

教育系统应与社会和行业建立紧密的合作关系，以了解社会的需求和趋势。这可以包括企业提供实习机会、社会组织提供教育资源、专家提供咨询等。社会和行业合作可以帮助教育系统更好地满足学生的职业需求。

教育质量与学生需求的平衡是教育系统的核心任务之一。教育质量涵盖了教育内容、方法、资源和管理等多个方面，而学生需求包括了知识、技能、兴趣、价值观和职业目标等。为了实现这一平衡，需要采取个性化教育、多样化教育内容、教育资源的公平分配、教师培训与发展、教育制度的创新、学生参与与反馈、社会和行业合作等措施。教育质量与学生需求的平衡不仅关系到个体学生的成长，还关系到社会的发展和进步。因此，教育系统应不断努力，以满足不断变化的社会和学生需求。

第三节　实训基地硬件设施的设计要点

一、实训基地硬件设施的分类

实训基地是为学生提供实际操作和实践机会的重要教育资源，旨在帮助学生掌握各种技能和知识，以适应未来职业需求。实训基地的硬件设施起着至关重要的作用，为学生提供学习和实践所需的物理环境和设备。

实训基地的硬件设施可根据其用途和性质分为不同的类别。这些类别包括实验室、车间、工作室、机房、实地实习场所等。每个类别都有其特定的设备和资源，以满足不同领域和专业的学习需求。

（一）实验室

实验室是实训基地中的一类常见硬件设施，通常用于进行科学实验、研究和技术测试。实验室可以按照其功能和用途划分为多个子类别：

科学实验室：用于进行各种科学实验，包括物理、化学、生物学等。这些实验室通常配备有实验仪器、试剂和实验设备，以支持学生的科学研究和实验操作。

工程实验室：用于进行工程设计和测试，涵盖机械、电子、电气等领域。这些实验室通常配备有计算机辅助设计软件、工程设备和模拟器，以培养学生的工程技能。

医学实验室：用于医学领域的实验和研究，如临床实验室、药物研究实验室等。这些实验室通常配备有医学仪器、试剂和医疗设备，以培养医学专业人才。

计算机实验室：用于进行计算机编程、网络管理、数据分析等实验。这些实验室配备有计算机工作站、服务器、软件开发工具等，以培养计算机科学和信息技术领域的专业技能。

实验室通常需要安全设施和实验操作规程，以确保学生的安全和设备的正常运行。此外，实验室通常由专门的实验室管理员或教师负责管理和维护。

（二）车间

车间是实训基地中用于进行实际操作和手工制作的硬件设施。它们通常涵盖了各种手工艺和制造领域，如机械制造、木工、金属加工、焊接、电子制造等。车间可以按照其特点和用途划分为不同的类型：

机械制造车间：用于机械零部件的制造和装配。这些车间通常配备有车床、铣床、钻床、磨床等机械加工设备，以培养机械工程技术和制造技能。

木工车间：用于木材加工和家具制造。这些车间通常配备有锯床、刨床、砂纸机、木工工具等。

金属加工车间：用于金属制品的加工和焊接。这些车间通常配备有焊接设备、金属切割机、研磨机等，以培养金属加工和焊接技能。

电子制造车间：用于电子元件的制造和组装。这些车间通常配备有焊接设备、电路板组装设备、测试仪器等，以培养电子工程技术和电子制造技能。

车间通常需要适当的安全措施和工艺规程，以确保学生的安全和生产质量。车间通常由专业的车间主管或教师负责管理和指导学生的实际操作。

（三）工作室

工作室是实训基地中用于进行创意和艺术实践的硬件设施。工作室通常涵盖了绘画、雕塑、摄影、音乐、舞蹈等艺术领域。工作室可以按照其特点和用途划分为不同的类型：

绘画工作室：用于绘画和艺术创作。这些工作室通常配备绘画材料、画布、绘画工具等，以培养绘画技巧和艺术表达能力。

雕塑工作室：用于雕塑和三维艺术创作。这些工作室通常配备雕塑材料、雕刻工具、模型制作设备等，以培养雕塑技能和创作能力。

摄影工作室：用于摄影和影像艺术创作。这些工作室通常配备照相机、照明设备、暗房设备等，以培养摄影技能和影像创作能力。

音乐工作室：用于音乐演奏和录音制作。这些工作室通常配备乐器、音频设备、录音设备等，以培养音乐演奏技能和音乐制作能力。

舞蹈工作室：用于舞蹈表演和舞蹈创作。这些工作室通常配备舞蹈地板、音响设备、镜子等，以培养舞蹈技巧和舞蹈表演能力。

工作室通常需要提供艺术家或专业艺术家的指导和教育，以培养学生的艺术技能和创作能力。此外，工作室也需要提供适当的艺术材料和设备，以支持学生的艺术实践。

（四）机房

机房是实训基地中用于计算机和信息技术教育的硬件设施。机房通常配备有计算机工作站、服务器、网络设备和软件工具，以支持计算机科学、信息技术、编程和数据分析等领域的学习和实践。机房通常包括以下类型：

计算机实验室：用于计算机编程、应用软件开发和计算机网络管理。这些实验室通常配备有计算机工作站、开发工具、网络设备等，以培养计算机科学和信息技术领域的专业技能。

数据中心：用于数据存储和处理，通常包括服务器、存储设备、大数据处理设备等。这些设施通常用于大规模数据处理和云计算等领域的研究和实践。

机房通常需要安全措施和网络管理，以确保计算机系统的安全和稳定运行。机房通常由专业的计算机教师或管理员负责管理和维护。

（五）实地实习场所

实地实习场所是实训基地中用于进行实际实践和实习的场地。这些场所通常模拟了特定的工作环境和实践场景，以让学生获得实际工作经验。

实地实习场所可以按照其特点和用途划分为不同的类型：

医疗实习场所：用于医学和护理领域的实际实习。这些场所通常包括医院、诊所、护理院等，以让学生进行临床实践和护理操作。

酒店和餐饮实习场所：用于酒店管理和餐饮服务领域的实际实习。这些场所包括酒店、餐厅、厨房等，以让学生获得酒店管理和餐饮服务的经验。

工程建筑实习场所：用于工程建筑和施工管理领域的实际实习。这些场所通常包括施工工地、建筑项目现场等，以让学生进行施工实践和项目管理。

农业实习场所：用于农业和农业科学领域的实际实习。这些场所通常包括农田、农场、养殖场等，以让学生进行农业操作和养殖实践。

实地实习场所通常需要提供安全措施和实习指导，以确保学生的安全和实践质量。这些场所通常由专业的实习导师或领域专家负责指导和管理。

二、实训基地设施设计的重要性和要点

实训基地是教育体系中的重要组成部分，它为学生提供了实际操作和实践机会，以培养他们的技能和知识。实训基地的设施设计至关重要，它直接影响学生的学习体验和教育质量。

（一）实训基地设施设计的重要性

实训基地设施设计的质量对教育质量和学生发展产生深远影响。以下是一些关键原因，解释了为什么实训基地设施设计至关重要：

提供实践机会：实训基地的主要目标是为学生提供实际操作和实践机会。设施设计必须支持学生在真实环境中应用他们的知识和技能，以便更好地准备他们未来的职业。

提高学习体验：设施设计可以创造有利于学习的环境，激发学生的兴

趣和积极性。好的设计可以提高学生的学习体验，使他们更加投入学习。

提高教育质量：设施设计对教育质量有直接影响。适当的设施可以提高教学效果，提高教育质量。

（二）实训基地设施设计的要点

实训基地设施设计的要点包括以下几个关键方面，以确保设施能够满足教育需求并提高学生的学习体验：

1. 需求分析和规划

设施设计的第一步是进行需求分析和规划。教育机构需要明确定义实训基地的目标和学习目标，以确定所需的硬件设施类型和数量。这包括确定不同专业领域的设施需求，以确保满足多样化的学习需求。

2. 灵活性和可扩展性

设施设计应具备灵活性和可扩展性，以适应未来的需求变化。教育环境和技术不断发展，因此设施应能够适应这些变化。可以使用可移动和可调整的设备，以满足不同学习场景的需求。

3. 安全性和合规性

安全性是设施设计的关键要素。设施应满足建筑和安全规定，包括防火安全、电气安全、紧急撤离计划等。此外，设施应考虑特定领域的安全需求，如化学实验室的安全设施、工程车间的安全设备等。

4. 设备和资源

设施设计需要考虑所需的设备和资源。这包括实验设备、工具、材料、计算机设备、仪器等。设备应选择高质量、适用于学习需求的设备。资源应充足，以支持学生的实际操作。

5. 空间规划

空间规划是设施设计的核心。设施的布局和空间分配应合理，以确保学生能够自由移动、访问设备和材料。不同实践区域和学习区域应得到适当的空间规划，以满足不同的学习需求。

6. 可持续性和绿色设计

可持续性是现代设施设计的一个重要考虑因素。设施应采用绿色建筑原则,包括节能、水资源管理、废物管理等。这有助于降低运营成本,并有益于环境。

7. 技术集成

现代实训基地设施通常需要技术集成,包括计算机网络、视频监控、远程访问等。技术集成可以提高设施的效率和教学效果,以支持远程教学和学习。

8. 专业指导和管理

设施的专业指导和管理是确保设施运作良好的关键。需要有专业的设施管理员或指导教师,负责设施的日常管理、维护和安全。他们可以提供学生必要的指导和支持,以确保设施的正常运行。

9. 持续评估和改进

设施设计不应是一次性的决策,而应包括持续评估和改进。教育机构应定期评估设施的使用情况,了解学生和教职员工的反馈,以及设施的运行情况。基于这些反馈,可以进行必要的改进和升级,以确保设施保持高效和符合最新的教育需求。

10. 合作与伙伴关系

实训基地的设施设计还可以通过合作与伙伴关系获得更多的资源和支持。与工业企业、专业机构、研究机构等建立合作关系,可以为设施提供更多的设备、技术和指导。这有助于提高设施的质量和学习机会。

11. 培训和发展

设施的成功使用也依赖于教职员工的培训和发展。教职员工需要了解设施的操作、维护和安全规程。定期的培训和发展计划可以确保他们具备必要的技能和知识,以更好地支持学生的学习。

12.学生参与

学生的参与和反馈对设施设计至关重要。他们了解自己的学习需求和体验，可以提供宝贵的意见和建议。教育机构应鼓励学生参与设施设计和管理的决策，以确保设施满足他们的需求。

实训基地设施设计需要考虑需求分析、灵活性、安全性、设备和资源、空间规划、可持续性、技术集成、专业指导和管理、持续评估和改进、合作与伙伴关系、培训和发展以及学生参与等多个方面。成功的实训基地设施设计可以提高教育质量，培养具有实际技能和知识的学生，为未来的职业做好准备。教育机构应不断关注设施设计，以不断提高教育质量和学生满意度。

第四节 软件系统的选取与集成

一、软件系统的选择原则

在当今数字化时代，软件系统在各个领域的应用越来越广泛，各个领域都离不开各种类型的软件系统。选择适当的软件系统对于提高工作效率、满足需求、降低成本等方面具有至关重要的作用。

（一）软件系统选择的背景

随着科技的不断发展和创新，软件系统的种类和数量不断增加，为用户提供了更多的选择。然而，软件系统的选择不仅仅是一个技术问题，还涉及到组织的战略、资源配置、成本效益和用户需求等多个层面。在选择软件系统时，需要综合考虑以下因素：

组织需求：软件系统必须满足组织的具体需求和目标。不同组织可能有不同的业务流程、规模、复杂性和战略方向，因此需要选择与之匹配的软件系统。

预算和成本：软件系统的选择必须考虑预算和成本因素。组织需要评估软件的采购成本、维护成本、培训成本等，并确保其在可接受的范围内。

技术要求：软件系统必须与组织的技术基础设施和硬件兼容，以确保软件顺畅地运行和集成。

用户友好性：软件系统必须易于使用，以便员工或用户能够快速上手并高效地使用系统。

安全性：软件系统必须具备必要的安全性，以保护组织的数据和信息免受潜在的威胁。

未来发展：软件系统的选择应考虑未来的发展需求和可扩展性，以避免在短期内频繁更换系统。

支持和维护：软件系统必须有可靠的支持和维护机制，以确保系统的稳定性和可用性。

法律和合规性：软件系统的选择必须遵守法律法规和合规性要求，以避免法律风险。

综合考虑这些因素，软件系统的选择需要遵循一定的原则，以确保选择的系统能够满足组织或个人的需求，并为其带来价值。

（二）软件系统选择的具体原则

1.明确定义需求

在选择软件系统之前，首要任务是明确定义需求。这包括识别问题、目标、业务流程、用户需求等。需求定义的清晰和详细对于选择适当的系统至关重要。这可以通过与组织内部的相关部门和利益相关者进行沟通和调查来实现。

2.比较多个选项

在选择软件系统时，不应仓促做决定。应该比较多个选项，包括不同供应商的产品、开源解决方案、云服务等。每个选项都有其优点和缺点，需要充分评估其特点，以确定哪个最适合满足需求。

3. 考虑整体成本

软件系统的成本不仅仅只是购买成本，还需要考虑维护成本、升级成本、培训成本等。综合考虑这些成本，以确保所选择的系统在长期内是经济合理的选择。

4. 确保可扩展性和集成性

软件系统应具备良好的可扩展性，以应对未来的发展需求。此外，系统应具备良好的集成性，以能够与其他系统和应用程序无缝集成，以提高工作效率。

5. 用户友好性

软件系统应该易于使用，以便员工或用户能够快速上手并高效地使用系统。界面设计、工作流程和培训材料都应该以用户友好性为导向。

6. 安全性

安全性是软件系统选择中的一个重要因素。系统应具备必要的安全措施，以保护数据和信息不受潜在的威胁。这包括身份验证、访问控制、数据加密等安全功能。

7. 技术要求

软件系统的选择必须与组织的技术基础设施和硬件兼容。组织需要考虑系统的技术要求，如操作系统、数据库、网络要求等。

8. 可靠的支持和维护

选择软件系统时，需要确保供应商提供可靠的支持和维护服务。这包括技术支持、定期更新、故障排除等。

9. 合规性

软件系统的选择必须合规，确保所选择的系统不仅在法律上合规，还要满足组织或个人的特定合规性需求，以避免潜在的法律风险。

10. 用户培训和支持

在选择软件系统后，需要考虑用户培训和支持。培训用户如何使用系统，提供培训计划和材料。同时，提供技术支持和帮助台服务，以解决用户在使用系统过程中可能遇到的问题。

11. 用户评价和案例研究

寻找用户评价和案例研究可以提供宝贵的信息，了解其他组织或个人如何使用和体验所考虑的软件系统。这些经验可以帮助做出更明智的选择。

12. 规划风险管理

软件系统的选择和实施过程中可能存在风险，如集成问题、数据迁移问题、技术兼容性问题等。规划风险管理策略，以应对这些潜在的风险，降低不确定性。

13. 试用和评估

在做出最终选择之前，建议进行试用和评估。试用可以帮助用户熟悉系统，了解其实际效果。这可以通过设立试用期限，或者购买一小部分许可证来实现。

14. 更新和重新评估

软件系统的选择不是一劳永逸的决策。随着时间的推移，需求可能发生变化，新的技术和解决方案可能出现。因此，定期更新和重新评估软件系统是必要的，以确保系统仍然满足需求。

15. 关注用户反馈

用户反馈是不断改进和优化软件系统的重要依据。建立反馈机制，鼓励用户提供意见和建议，以使系统不断适应用户的需求和期望。

16. 可持续性

在选择软件系统时，要考虑可持续性问题。这包括软件供应商的可持续性、软件的生命周期、升级计划、技术演进等。确保所选择的系统能够在未来的可持续性要求下运行。

17. 持续学习和更新知识

软件领域不断发展和演进，因此持续学习和更新知识是至关重要的。

了解最新的趋势、技术和解决方案，以更好地做出明智的选择。

软件系统的选择是一个重要的决策，直接影响组织或个人的工作效率、竞争力和创新能力。选择适当的软件系统需要综合考虑多个因素，包括需求、成本、技术要求、安全性、用户友好性、支持和维护、法律合规性等。遵循上述软件系统选择的原则可以帮助做出明智的决策，并确保所选择的系统能够满足长期的需求。

最后，软件系统选择应该是一个综合决策过程，需要团队合作，涉及多个部门和利益相关者。通过良好的沟通和协作，可以更好地理解需求，评估选项，并做出最适合的决策，以实现组织或个人的目标。

二、软件系统的集成与兼容性

在当今数字化时代，软件系统的使用变得越来越广泛，它们在各个领域，扮演着关键的角色。然而，往往一个组织或个人需要使用多个不同的软件系统来满足不同需求，因此软件系统的集成与兼容性问题变得尤为重要。

（一）软件系统的集成

软件系统的集成是指将不同的软件系统或应用程序连接在一起，以实现数据共享、协同工作、自动化流程等目标。集成可以发生在不同的层次，包括应用程序级、数据级和业务级。以下是一些常见的软件系统集成类型：

应用程序编程接口（API）集成：API是一种通信协议，允许不同的应用程序之间共享数据和功能。开发者可以使用API来访问和操作其他系统的数据和功能，从而实现集成。API集成常见于云服务、社交媒体平台和第三方应用程序。

数据集成：数据集成涉及将不同系统的数据同步、共享和转换。这可以通过数据仓库、ETL（提取、转换、加载）过程、数据同步工具等实现。

数据集成可以帮助组织在不同系统中实现一致的数据视图。

企业服务总线（ESB）：企业服务总线是一种中间件，用于连接和协调不同的应用程序和服务。ESB 允许系统之间进行消息传递、路由和转换，以实现业务流程的自动化。

单点登录（SSO）：SSO 集成允许用户通过一次登录授权访问多个不同的应用程序和系统。这提高了用户体验，减少了登录的烦琐性。

集成平台：集成平台是专门设计用于支持软件系统集成的工具。它们通常提供可视化工具和预先构建的连接器，以简化集成过程。

软件系统的集成可以提供许多好处，包括提高工作效率、减少重复性任务、改善数据准确性和一致性，以及支持决策制定。然而，要实现有效的集成，必须考虑软件系统的兼容性。

（二）软件系统的兼容性

软件系统的兼容性是指系统之间能够有效协同工作，不会产生冲突或不兼容的问题。兼容性问题可能包括数据格式不匹配、功能不匹配、安全性不足等。以下是一些常见的兼容性问题和解决方案：

数据兼容性：不同系统可能使用不同的数据格式和结构，导致数据无法正确传输和解释。解决这个问题的方法包括数据转换、数据映射和数据清洗。数据中间件和 ETL 工具可以帮助处理数据兼容性问题。

功能兼容性：不同系统的功能和特性可能不匹配，导致某些功能无法正常运行。在进行软件系统集成之前，需要仔细评估各个系统的功能和特性，以确保它们能够协同工作。

安全性兼容性：不同系统的安全性要求可能不同，导致安全性问题。解决这个问题的方法包括单点登录、身份验证和授权协议、数据加密、访问控制等。确保所有系统都符合相同的安全标准和最佳实践。

版本兼容性：不同系统的不同版本可能导致集成问题。如果使用不同版本的系统，需要确保它们之间的兼容性，并及时升级系统以解决潜在的问题。

通信协议兼容性：不同系统可能使用不同的通信协议，如 HTTP、REST、SOAP 等。确保系统之间的通信协议兼容，或者使用中间件来进行协议转换。

流程兼容性：不同系统可能具有不同的业务流程和工作流程。在集成系统时，需要重新设计流程，以确保它们能够协同工作。

性能兼容性：不同系统的性能要求和负载可能不同，可能导致性能问题。在进行集成时，需要评估系统的性能需求，并优化性能，以确保系统能够满足要求。

基础设施兼容性：不同系统可能依赖不同的硬件和软件基础设施。确保系统的基础设施兼容，或者采用云计算等解决方案来简化基础设施管理。

解决软件系统的兼容性问题通常需要深入的技术知识和仔细的规划。在选择和实施软件系统时，需要考虑这些问题，以确保系统能够协同工作并达到预期的效果。

（三）软件系统集成和兼容性的挑战

软件系统集成和兼容性是一个复杂的任务，存在一些挑战，需要克服。以下是一些常见的挑战：

多样性：不同软件系统的多样性，包括不同的厂商、技术、版本和语言，增加了集成的复杂性。

数据复杂性：数据可能分布在多个系统中，包括结构化数据、非结构化数据和半结构化数据。数据的复杂性增加了数据集成的难度。

安全性：确保数据在不同系统之间安全传输和存储，涉及到身份验证、授权、数据加密等安全问题。

成本：软件系统集成和兼容性的实施和维护成本可能很高，包括开发、硬件和软件购买、培训和维护。

业务变化：组织的业务需求和流程可能会随时间变化，这可能导致软件系统集成需要不断调整和更新。

技术复杂性：软件系统集成涉及多种技术和协议，包括API、Web服务、消息队列等，需要充分了解这些技术以实施集成。

人员技能：成功的软件系统集成需要具备相关技能的人员，包括开发人员、集成专家、数据库管理员等。

项目管理：集成项目需要有效的项目管理和规划，以确保项目按计划进行并满足需求。

（四）软件系统集成和兼容性的要点

为了有效地应对软件系统集成和兼容性的挑战，以下是一些要点：

明确定义需求：在开始集成项目之前，明确定义需求，包括数据需求、功能需求、性能需求、安全需求等。

选择适当的工具和技术：选择适当的工具和技术，包括集成平台、API、消息队列、数据转换工具等。

数据映射和转换：确保数据在不同系统之间正确映射和转换，以满足不同系统的数据格式和结构。

安全性：确保数据在传输和存储过程中的安全性，包括加密、身份验证和访问控制。

版本管理：管理不同系统的版本，确保它们保持兼容性，并在必要时进行升级。

业务流程设计：重新设计业务流程，以确保系统之间的协同工作，并满足业务需求。

培训和技术支持：培训相关人员，包括开发人员、管理员和用户，以确保他们能够正确使用和维护集成系统。

持续监控和优化：建立监控机制，以跟踪系统的性能、可用性和安全性，并及时解决问题。同时，定期审查和优化集成系统，以满足业务需求。

软件系统的集成和兼容性是复杂的任务，但它可以为组织或个人提供巨大的好处，包括提高工作效率、改善数据一致性、提供更好的用户体验、支持决策制定等。遵循上述要点，克服挑战，可以实现有效的软件系统集成和协同工作。

三、软件系统的升级与维护策略

在当今数字化时代，软件系统是组织和个人工作的重要工具。然而，软件系统不是一次性的投资，而是需要不断升级和维护的。有效的升级与维护策略对于确保软件系统的稳定性、性能和安全性至关重要。

（一）软件系统升级与维护的背景

软件系统的升级与维护是确保系统持续有效运行的关键活动。这些活动包括修复错误、改进功能、提高性能、增加安全性、支持新硬件和软件环境等。以下是一些常见的软件系统升级与维护活动：

修复错误：软件系统中可能存在各种类型的错误，包括逻辑错误、编程错误、安全漏洞等。修复错误是维护的重要组成部分，以确保系统的稳定性和可用性。

功能改进：根据用户反馈和需求，对软件系统进行功能改进，以提高用户体验和满足新的需求。

性能优化：软件系统可能在性能方面存在瓶颈，如响应时间慢、资源利用不高等。性能优化可以提高系统的效率和响应速度。

安全更新：随着安全威胁不断演进，软件系统需要及时更新以弥补安全漏洞，确保数据和用户的安全性。

硬件和软件兼容性：新的硬件和软件环境可能需要软件系统进行适应性升级，以保持兼容性。

数据备份和恢复：定期备份数据，并确保能够快速有效地恢复数据，以防止数据丢失。

用户培训：对用户提供培训和支持，以确保他们能够正确使用和维护系统。

许可证管理：管理软件系统的许可证，以确保合法使用和合规性。

软件系统的升级与维护是一个持续的过程，需要定期进行。没有适当的升级与维护策略，软件系统可能会变得不稳定、不安全、不兼容，最终导致生产力下降和成本上升。

（二）软件系统升级与维护策略

为了确保软件系统的稳定性和效能，需要制定有效的升级与维护策略。以下是一些关键的策略和最佳实践：

1. 制订明确的升级与维护计划

在软件系统的生命周期内，制订明确的升级与维护计划是至关重要的。计划应包括升级和维护的时间表、责任人员、任务列表、预算和资源分配等。计划应根据系统的重要性和用途来制定，以确保高优先级任务得到优先处理。

2. 定期备份数据

数据是组织的宝贵资产，因此定期备份数据是非常重要的。备份数据应存储在安全地点，以防止数据丢失。同时，测试数据恢复过程以确保备份的有效性。

3. 紧急修复和安全更新

在发现安全漏洞或关键错误时，必须立即采取紧急修复措施，以防止潜在的数据泄露和安全风险。定期监测和应用软件供应商的安全更新也是重要的。

4. 用户培训和支持

用户培训和支持是确保系统正确使用的关键。为用户提供培训材料和培训课程，建立支持渠道，以解决用户在使用系统时可能遇到的问题。

5. 版本控制和兼容性管理

确保软件系统的版本得到管理，防止不同版本的混淆。在采用新硬件和软件环境时，需要进行兼容性测试，以确保系统能够继续正常运行。

6. 性能监测和优化

定期监测软件系统的性能，识别潜在的性能问题，并采取措施来优化性能。这包括调整配置、清理数据库、优化代码等。

7. 持续改进和用户反馈

建立持续改进机制，根据用户反馈和需求不断改进软件系统。用户的反馈是改进的重要依据，应该鼓励用户提供建议和意见。

8. 许可证管理

管理软件系统的许可证，确保合法使用。遵守软件供应商的许可协议，以防止法律风险。

9. 灾难恢复计划

制订灾难恢复计划，以应对突发的灾难事件，如数据丢失、硬件故障、网络中断等。计划应包括数据备份和恢复策略，紧急联系人信息，应急设备等。

10. 质量控制

确保软件系统的质量得到控制，包括代码审查、单元测试、集成测试、性能测试等。持续监控系统的质量，并定期进行质量评估。

11. 系统文档

维护详细的系统文档，包括用户手册、技术文档、数据字典等。文档可以帮助用户和维护人员了解系统的功能和操作。

12. 节省资源

在升级与维护活动中，需要谨慎管理资源，包括时间、人力、资金和硬件。确保资源的合理分配，以满足升级与维护的需求。

13. 合规性

确保软件系统的升级与维护活动合规。

14. 培养团队技能

维护和升级软件系统需要具备相关技能的团队。培养团队的技能，包括开发人员、管理员、数据库管理员等，以确保他们能够有效地执行升级与维护任务。

15. 风险管理

软件系统升级与维护活动可能伴随着风险，如数据丢失、系统中断、性能问题等。建立风险管理策略，以识别、评估和降低风险。

16. 管理变更

在进行升级与维护活动时，需要管理变更，确保变更经过审查、测试和批准。变更管理有助于防止未经控制的变更导致问题。

17. 基于数据的决策

升级与维护决策应该基于数据和事实。收集性能数据、用户反馈、安全报告等信息，以支持决策制定。

18. 定期审查

定期审查升级与维护计划和策略，以确保其仍然有效。在不断变化的环境中，需要灵活地调整策略。

软件系统的升级与维护是确保系统长期有效运行的关键活动。有效的升级与维护策略可以提高系统的稳定性、性能、安全性和用户体验，减少潜在的风险。通过制定明确的计划、管理资源、监测性能、保持合规性、持续改进等策略，可以更好地管理软件系统的生命周期。

最终，升级与维护策略应该根据软件系统的性质、用途和组织需求来制定。一个综合的、有计划的策略可以确保软件系统持续为组织或个人提供价值，同时降低潜在的问题和风险。

第五节 师资队伍的培养与配置

一、师资队伍的需求与构建

师资队伍是教育领域的核心资源，对于教育质量和学生的发展具有至关重要的影响。一个优秀的师资队伍可以提供高质量的教育，激发学生的学习兴趣，培养他们的综合素养。因此，师资队伍的需求与构建是教育机构和学校管理的关键问题。

（一）师资队伍的需求分析

1. 教育发展需求

教育领域的快速发展和变革要求师资队伍具备教育创新的能力。新的教育方法、技术和理念不断涌现，师资队伍需要不断更新知识和教育方法，以适应不断变化的需求。

2. 学科和专业需求

不同学科和专业领域的教育要求不同，需要具备相关领域的专业知识和教育背景。师资队伍应该涵盖各个学科和专业，以满足多样化的教育需求。

3. 教育层次需求

不同教育层次，如幼儿教育、小学、中学、高校等，需要不同类型的教育师资。教育师资队伍应该包括各个教育层次的专业教师和教育工作者。

4. 学生群体需求

不同年龄、背景和能力的学生需要不同类型的教育支持。师资队伍需要具备多元化的教育方法，以满足不同学生群体的需求，包括特殊教育、多元文化教育等。

5. 教育技术需求

教育技术在教育领域的应用越来越广泛，师资队伍需要具备数字化教育技术的知识和技能，以有效地整合技术资源，提高教育质量。

6. 教育评估需求

教育评估是教育质量保障的重要环节。师资队伍需要具备评估和监测教育成果的能力，以不断改进教学方法和课程设计。

7. 研究和创新需求

教育领域的研究和创新对于提高教育质量至关重要。师资队伍需要具备研究和创新的能力，以推动教育领域的进步。

8. 社会需求

教育不仅仅是知识传授，还涉及社会责任和价值观的培养。师资队伍需要具备教育伦理和社会责任感，引导学生成为有社会责任感的公民。

综上所述，师资队伍的需求是多层次和多维度的。不同的教育机构和学校可能有不同的需求，需要根据其特定的情境和目标来确定师资队伍的需求。需求分析是构建师资队伍的第一步，它有助于确定何种类型的师资队伍才能满足教育需求。

(二) 师资队伍的构建与发展

1. 招聘与选拔

招聘与选拔是构建师资队伍的重要环节。在招聘过程中，需要明确教育机构或学校的需求，制定招聘标准和要求。选拔过程应综合考虑候选人的学历、经验、教育背景、教育技能、专业知识等。此外，招聘和选拔应基于公平和公正原则，确保没有歧视和偏见。

2. 培训与发展

一旦师资队伍入职，培训与发展是至关重要的。培训可以涵盖教育方法、课程设计、教育技术、教育评估等方面的内容。培训不仅限于初级教师，还应包括中级和高级教师的继续教育。培训和发展可以通过内部培训、外部培训、研讨会、在线课程等形式进行。

3. 职业发展和晋升

为了吸引和留住优秀的教育工作者，教育机构和学校需要提供职业发展和晋升机会。这包括晋升通道、领导岗位、项目管理、教育研究等。职业发展计划可以帮助教育工作者提升职业技能，实现个人和职业目标。

4. 绩效评估和反馈

绩效评估是师资队伍管理的重要组成部分。通过绩效评估，可以评估教育工作者的工作表现，提供反馈和指导，识别绩效问题，制定改进计划。绩效评估应该基于明确的标准和指标，以确保公平性和客观性。

5. 激励和奖励

激励和奖励是激发师资队伍积极性和创造力的手段。这可以包括薪酬激励、奖学金、奖金、晋升机会等。奖励制度应该与绩效评估相结合，以奖励优秀表现和贡献。

6. 吸引多样化的人才

为了构建丰富多彩的师资队伍，需要吸引多样化的人才。这包括不同性别、民族、文化背景和经验的教育工作者。多样性可以丰富教育经验，满足多元化的学生需求。

7. 国际化和跨文化教育

在全球化时代，教育机构和学校需要构建国际化的师资队伍，以应对跨文化教育需求。国际化的师资队伍可以帮助学生获得全球视野，培养跨文化沟通和合作能力。

8. 社区合作

教育机构可以与社区、行业和其他教育机构合作，以共享师资资源和知识。合作可以提供更多的师资选择和机会，同时促进知识共享和创新。

9. 离职与退休规划

师资队伍的离职和退休是不可避免的。教育机构需要制定离职和退休规划，以确保平稳的过渡和知识传承。这包括培训接班人、建立教育资源库等。

10. 师资队伍文化和价值观

构建师资队伍不仅涉及技能和知识，还涉及文化和价值观。教育机构需要建立积极的师资队伍文化，鼓励团队合作、创新、教育伦理和社会责任感。

二、师资队伍的结构与管理模式

师资队伍在教育领域中起着至关重要的作用。一个优秀的师资队伍可以提供高质量的教育，对学生的学术和个人发展产生深远影响。师资队伍的结构和管理模式对于教育机构的有效运作和学生的成功至关重要。

（一）师资队伍的结构

师资队伍的结构涵盖了师资队伍的组成和组织。一个合理的师资队伍结构可以有效地满足教育机构的需求，确保各个层面和领域的教育工作者齐备。

1. 学历和资质

师资队伍的结构应包括不同学历和资质的教育工作者。这包括博士、硕士、本科学历的教育工作者，以及具备特殊资质的专业人员。不同学历和资质的教育工作者可以满足不同教育层次和学科的需求。

2. 学科和专业领域

不同学科和专业领域的教育工作者是师资队伍的重要组成部分。师资队伍应涵盖各个学科，如数学、科学、文学、艺术、体育等，以满足多样化的课程和学科需求。

3. 教育水平

师资队伍的结构应考虑不同教育水平的教育工作者，包括幼儿教育、小学、中学、高校等。不同教育水平的教育工作者具备不同的教育方法和教学技能。

4. 教育技能和专业领域

教育技能和专业领域的多样性是师资队伍结构的重要组成部分。教育工作者需要具备教育方法、课程设计、教育技术、跨文化教育等方面的专业知识和技能。

5. 多样性和包容性

师资队伍的结构应鼓励多样性和包容性，包括性别、民族、文化背景等方面的多样性。多样性可以丰富教育经验，满足多样化的学生需求。

6. 国际化视野

在全球化时代，构建国际化师资队伍是重要的。师资队伍应该具备国际化视野，能够满足跨文化教育需求，支持国际交流和合作。

师资队伍的结构应根据教育机构的特定需求和目标来确定。不同的教育机构可能有不同的师资队伍结构，根据其教育目标、学生群体和课程设定来进行定制。

（二）师资队伍的管理模式

师资队伍的管理模式涉及招聘、培训、绩效评估、激励和发展等方面的管理。一个有效的管理模式可以提高师资队伍的绩效，确保教育机构的有效运作。

1. 招聘和选拔

招聘和选拔是管理师资队伍的关键步骤。在招聘过程中，需要明确定义教育机构的需求，制定招聘标准和要求。选拔过程应综合考虑候选人的学历、经验、教育背景、教育技能、专业知识等。此外，招聘和选拔应基于公平和公正原则，确保没有歧视和偏见。

2. 培训和发展

培训和发展是管理师资队伍的重要环节。师资队伍需要定期接受培训，以提高教育方法、教育技术、教育评估等方面的能力。培训可以涵盖不同教育水平和专业领域，以满足不同教育工作者的需求。培训和发展可以通过内部培训、外部培训、研讨会、在线课程等方式进行。

3. 绩效评估和反馈

绩效评估是管理师资队伍的关键环节。通过绩效评估，可以评估教育工作者的工作表现，提供反馈和指导，识别绩效问题，制定改进计划。绩效评估应该基于明确的标准和指标，以确保公平性和客观性。同时，应提供及时的反馈，鼓励绩效改进。

4. 激励和奖励

激励和奖励是管理师资队伍的重要手段。激励措施可以包括薪酬激励、奖学金、奖金、晋升机会等。奖励制度应该与绩效评估相结合，以奖励卓越表现和贡献。激励和奖励可以激发教育工作者的积极性和创造力，提高工作满意度。

5. 职业发展和晋升

为了吸引和留住优秀的教育工作者，教育机构需要提供职业发展和晋升机会。这包括晋升通道、领导岗位、项目管理、教育研究等。职业发展计划可以帮助教育工作者提升职业技能，实现个人和职业目标。晋升机会可以激励教育工作者不断提高绩效。

6. 离职和退休规划

管理师资队伍还涉及离职和退休规划。教育机构需要制定离职和退休规划程序，以确保平稳的过渡和知识传承。这包括培训接班人，建立教育资源库，帮助退休教育工作者顺利过渡到退休生活。

7. 团队合作和沟通

师资队伍管理模式应鼓励团队合作和有效沟通。教育工作者需要共同合作，分享经验和资源，共同推动教育质量的提高。有效的沟通可以促进信息流动，确保团队成员了解机构的目标和期望。

8. 多样性和包容性

管理师资队伍需要鼓励多样性和包容性。这包括采取多样性招聘政策，提供培训和支持，以吸引和留住不同背景和经验的教育工作者。多样性和包容性可以丰富教育经验，满足多样化的学生需求。

9. 国际化和跨文化教育

管理师资队伍需要考虑国际化和跨文化教育。教育机构可以提供跨文化培训和支持，以帮助教育工作者适应国际化教育环境。这包括国际交流、多语言培训、跨文化教育方法等。

10. 绩效改进和反馈

管理师资队伍还需要强调绩效改进和持续反馈。通过定期的绩效评估和反馈，教育工作者可以不断改进自身表现，提高教育质量。管理模式应鼓励教育工作者积极参与绩效改进过程，共同推动教育机构的发展。

师资队伍的结构与管理模式应根据教育机构的特定需求和目标进行定制。不同的教育机构可能采用不同的管理模式，以适应其特定的情境和目标。

第三章　高职院校虚拟仿真实训技术平台建设

第一节　虚拟仿真技术的分类与选择

一、虚拟仿真技术的类型与应用范围

虚拟仿真技术是一种强大的工具，通过模拟现实世界的过程和情境，为用户提供互动性和沉浸式的体验。虚拟仿真技术已经广泛应用于多个领域，包括教育、医疗、军事、娱乐、工程、科学研究等。

（一）虚拟仿真技术的类型

虚拟仿真技术包括多种不同类型，每种类型都有其独特的特点和应用。以下是一些常见的虚拟仿真技术类型：

1. 三维虚拟环境

三维虚拟环境是虚拟仿真技术中最常见的类型之一。它使用计算机生成的三维图形来模拟现实世界的情境。用户可以在虚拟环境中移动、互动和探索，以获取沉浸式的体验。三维虚拟环境常用于游戏、虚拟旅游、教育和培训等领域。

2. 增强现实（AR）

增强现实是一种虚拟仿真技术，通过将虚拟对象叠加到现实世界中，

为用户提供增强的视觉体验。用户可以使用 AR 设备（如智能手机、AR 眼镜）查看虚拟对象，与它们互动并获取信息。AR 技术广泛应用于移动应用、导航、维修和维护等领域。

3. 虚拟现实（VR）

虚拟现实技术通过将用户置于计算机生成的虚拟环境中，为他们提供全面的沉浸式体验。用户通常需要使用 VR 头戴设备，如头盔和手柄，来与虚拟环境互动。VR 技术广泛应用于游戏、培训、医疗疗法和娱乐等领域。

4. 混合现实（MR）

混合现实技术将虚拟元素与现实世界相互融合，创造出新的互动体验。与 AR 不同，MR 技术允许虚拟对象与现实对象进行互动，并具有更高的互动性。MR 技术在工业、教育、医疗和娱乐中都有广泛应用。

5. 模拟

模拟是一种基于数学模型的虚拟仿真技术，用于模拟现实世界的过程和情境。它通常应用于科学研究、工程设计、飞行模拟、交通规划等领域。模拟技术可以用于预测和分析事件的结果，以便做出决策。

6. 游戏化

游戏化虚拟仿真技术将游戏元素和互动性引入非游戏情境中。它可以应用于教育、培训、市场营销和健康管理等领域，以提高用户参与度和学习效果。

7. 飞行模拟

飞行模拟是一种特殊类型的虚拟仿真技术，用于模拟飞行器的操作和飞行过程。它广泛应用于飞行员培训、飞行器设计和飞行模拟游戏。

8. 医学仿真

医学仿真技术用于模拟医疗过程和手术操作。它可以应用于医学培训、手术模拟、疾病诊断和治疗等领域。

9. 虚拟现实社交

虚拟现实社交技术允许用户在虚拟环境中与他人互动和交流。它广泛应用于虚拟社交平台、虚拟会议和虚拟团队协作。

10. 虚拟现实训练

虚拟现实训练技术用于模拟培训和教育过程。它可以应用于模拟危险工作环境、模拟任务和技能培训等。

以上列举的虚拟仿真技术类型代表了虚拟仿真领域的一小部分，还有许多其他类型和子领域，如交互式虚拟仿真、虚拟实验室、虚拟试验等。这些技术类型可以根据特定需求进行组合和定制，以满足不同应用领域的需求。

(二) 虚拟仿真技术的应用范围

虚拟仿真技术在各种应用领域中都有广泛的应用。以下是一些主要应用领域的示例：

1. 教育和培训

虚拟仿真技术在教育和培训领域中发挥着重要作用。教育和培训领域的虚拟仿真应用范围包括：

虚拟教室：虚拟教室提供了在线学习和远程教育的机会。学生可以通过三维虚拟环境参加课堂，与教师和同学互动，参与实验和模拟练习。这种形式的教育特别适用于远程学习和国际合作项目。

虚拟实验室：科学和工程领域的虚拟实验室允许学生在虚拟环境中进行实验，无需真正的实验设备。这有助于降低实验成本、提高学生安全性，并扩大实验的范围和复杂性。

医学仿真：医学仿真技术用于医学和护理学院的培训和临床模拟。医学学生可以通过虚拟环境模拟手术操作、疾病诊断和患者治疗，以提高他们的技能和决策能力。

虚拟训练：虚拟训练广泛应用于军事、航空、航海、运输和卫生领域。士兵、飞行员、船员和运输司机可以通过虚拟仿真技术进行模拟训练，以提高应对紧急情况的能力和决策水平。

2. 医疗保健

虚拟仿真技术在医疗保健领域中有广泛的应用，包括：

外科手术模拟：医生和外科医生可以使用虚拟现实技术进行外科手术模拟，以提高手术技能和熟练度。这可以减少手术风险，改善手术结果。

虚拟诊断和治疗：医生可以使用虚拟仿真技术进行疾病诊断和治疗规划。通过虚拟模型，医生可以模拟疾病的发展，制定治疗计划，以提高患者的治疗效果。

康复和康复训练：康复医学和物理疗法领域使用虚拟仿真技术来帮助康复患者恢复肌肉和运动功能。患者可以在虚拟环境中进行运动和康复训练，以加速康复过程。

二、技术选择的依据与标准

在当今高度数字化和技术化的时代，组织和个人需要不断面对各种技术选择的决策。技术的选择对于组织的发展和个人的工作和生活都至关重要。为了做出明智的技术选择，需要制定明确的依据和标准。

（一）技术选择的依据

技术选择的依据是指在做出技术决策时所依据的原则、目标和价值观。这些依据在一定程度上会因组织或个人的需求、目标和环境而有所不同。以下是一些常见的技术选择的依据：

1. 目标和需求

首要的技术选择依据是组织或个人的目标和需求。技术应该直接满足这些需求，并有助于实现目标。例如，如果一个组织的目标是提高生产效率，那么它可能会选择自动化生产线的技术。

2. 成本效益

成本效益是一个重要的技术选择依据。组织和个人需要评估技术的成本与带来的好处之间的平衡。这包括购买、维护和升级成本，以及技术带来的效益和储备价值。

3. 可用性和可靠性

技术的可用性和可靠性是关键的依据之一。技术应该可靠运行，减少故障和维护时间。同时，技术的可用性也是一个重要因素，特别是在关键应用中。

4. 安全性和隐私

安全性和隐私是技术选择的重要依据。组织和个人需要确保所选技术不会导致数据泄漏、黑客攻击或其他安全威胁。同时，技术应该不侵犯隐私，符合道德准则。

5. 可扩展性和灵活性

可扩展性和灵活性是技术选择的关键因素之一。组织和个人需要考虑技术是否可以适应未来的需求和变化。技术应该具有足够的灵活性，以支持新的功能、扩展和集成。

6. 互操作性

技术选择应该考虑互操作性，特别是在多个系统和应用之间需要数据共享和集成的情况下。技术应该能够与其他系统和应用无缝协作，以确保数据的流畅传输和互联。

7. 用户友好性

用户友好性是技术选择的一个重要因素，特别是在个人使用和客户体验方面。技术应该容易使用，界面友好，并提供培训和支持。

8. 生命周期管理

技术选择应该考虑技术的生命周期管理。这包括技术的购买、维护、升级和退役。组织和个人需要制定清晰的技术生命周期策略，以确保技术能够长期支持需求。

9. 合规性

合规性是技术选择的重要依据。技术应该符合相关的法律法规，以避免违规违法。

10. 可持续性和环保

可持续性和环保是现代技术选择的越来越重要的依据。技术应该考虑其对环境的影响，采取可持续发展的做法，包括能源效率、废物处理和碳足迹。

这些依据通常会相互交织，并取决于具体的情境。

（二）技术选择的标准

技术选择的标准是一组准则和规范，用于评估和比较不同技术选项。这些标准有助于制定决策，并确保技术选择与组织或个人的需求相符。以下是一些常见的技术选择标准：

1. 性能

性能标准用于评估技术的速度、处理能力、响应时间、吞吐量和效率。性能标准应与需求相匹配，以确保技术能够满足预期的性能要求。

2. 安全性

安全性标准用于评估技术的安全性，包括数据保护、身份验证、访问控制和防火墙等安全功能。技术应符合相关的安全标准和最佳实践。

3. 可维护性

可维护性标准用于评估技术的维护难度和成本。技术应该容易维护，支持升级和补丁管理，以降低维护成本并确保系统稳定运行。

4. 可扩展性

可扩展性标准用于评估技术的扩展性和适应性。技术应该能够适应未来的需求变化，支持新功能的添加和集成。这有助于保护投资和延长技术的寿命。

5. 互操作性

互操作性标准用于评估技术与其他系统和应用之间的互操作性。技术应该具有开放的标准和接口，以支持数据共享和集成。这有助于确保系统的互联和协同工作。

6. 用户友好性

用户友好性标准用于评估技术的用户体验。技术应该容易使用，提供清晰的用户界面和文档，并支持培训和用户支持。良好的用户友好性可以提高用户满意度和生产效率。

7. 可用性

可用性标准用于评估技术的可用性和可靠性。技术应该具有高可用性，减少故障和维护时间。

技术选择的标准应该基于具体的需求和情境，组织或个人可以根据自身情况调整这些标准以更好地满足其要求。标准可以帮助制定清晰的决策流程，评估技术选项，并做出明智的决策。

（三）技术选择的决策流程

在制定技术选择决策时，通常会遵循一个明确的决策流程，以确保决策的合理性和可行性。以下是一个常见的技术选择的决策流程：

识别需求和目标：首先，明确定义组织或个人的需求和目标。这包括明确目标、业务需求和技术要求。

收集信息：搜集关于不同技术选项的信息，包括技术规格、功能、性能、成本和支持等方面的信息。

制定标准和依据：根据需求和目标，制定明确的技术选择标准和依据，包括性能、安全性、可维护性、可扩展性等。

评估技术选项：对不同的技术选项进行评估，根据制定的标准和依据，分析各项技术的优点和不足。

制定决策：根据评估的结果，制定最终的技术选择决策。这包括选择特定的技术和供应商。

实施和集成：开始实施所选的技术，并确保它与现有系统和应用进行无缝集成。

监测和评估：定期监测和评估技术的性能和符合度，以确保它仍然满足需求和目标。

适时更新：根据需求和变化，及时更新技术选择，并进行新一轮的技术选择决策。

这个决策流程有助于确保技术选择是明智的、符合需求和标准的。它还提供了一个结构化的方法，帮助组织和个人做出明智的技术决策。

技术选择是组织和个人在数字化时代面临的关键决策之一。通过明确的依据和标准，以及清晰的决策流程，可以更好地指导技术选择过程，确保选择的技术符合需求、目标和价值观。这有助于组织实现创新、提高效率和竞争力，也有助于个人提高工作和生活质量。

第二节 虚拟仿真实训平台的硬件设备

一、硬件设备的种类与要求

在当今数字化时代，硬件设备在我们的日常生活和工作中发挥着至关重要的作用。硬件设备包括计算机、手机、服务器、网络设备、存储设备等，它们为我们提供了计算、通信、存储和处理数据的能力。不同的应用领域和需求需要不同类型的硬件设备，同时硬件的性能、可靠性、安全性也具有关键意义。

（一）硬件设备的种类

硬件设备可以根据其用途和功能划分为不同的种类。以下是一些常见的硬件设备种类：

1. 计算机

个人电脑：个人电脑是最常见的计算机类型，用于办公、学习、娱乐等各种用途。它们包括台式机和笔记本电脑。

服务器：服务器是专门设计用于处理和存储数据的计算机。它们用于支持网络服务、网站托管、云计算等。

超级计算机：超级计算机是高性能计算机，用于解决科学和工程领域的复杂问题，如气候模拟、核反应堆模拟等。

嵌入式系统：嵌入式系统是嵌入到其他设备中的小型计算机，用于控制和监视设备的功能，如智能手机、家用电器、汽车控制系统等。

2. 通信设备

手机：手机是一种移动通信设备，用于电话通话、短信、互联网浏览、应用程序运行等。它们包括智能手机和传统手机。

电话交换机：电话交换机用于电话网络的连接和路由。它们是电话通信的核心基础设施。

路由器和交换机：路由器用于将数据包从一个网络发送到另一个网络，交换机用于在同一网络中连接多个设备。

3. 网络设备

网络服务器：网络服务器用于托管网络应用和服务，如网站、电子邮件、文件共享等。

防火墙：防火墙用于保护网络免受未经授权的访问和网络攻击。

负载均衡器：负载均衡器用于分发网络流量，确保服务器负载均匀分布，提高性能和可用性。

4. 存储设备

硬盘驱动器（HDD）：硬盘驱动器是用于数据存储的机械式设备，通过旋转磁盘上的磁头来读取和写入数据。

固态硬盘（SSD）：固态硬盘是一种无机械部件的数据存储设备，具有更快的读写速度和更高的可靠性。

网络存储设备：网络存储设备用于集中存储和共享数据，包括网络附加存储（NAS）和存储区域网络（SAN）。

5. 输入和输出设备

键盘和鼠标：键盘和鼠标是计算机的主要输入设备，用于输入文本和控制计算机操作。

显示器：显示器用于显示计算机的图像和文本输出。

打印机：打印机用于将电子文档打印成纸质文件。

扫描仪：扫描仪用于将纸质文件转换为电子格式。

摄像头和麦克风：摄像头和麦克风用于视频通话、音频录制和语音识别。

6. 安全设备

生物识别设备：生物识别设备使用生物特征如指纹、虹膜或面部识别来验证身份。

密码令牌：密码令牌是一种生成临时密码的设备，用于身份验证和安全访问。

安全摄像头和监控系统：安全摄像头和监控系统用于监视和记录区域的活动，用于安全保护和监控。

以上列举的硬件设备种类只是其中的一小部分，实际上还有许多其他类型的硬件设备，每种设备都具有特定的功能和应用。硬件设备的多样性和复杂性反映了数字化时代的多元化需求。

（二）硬件设备的要求

不同类型的硬件设备在不同的应用场景中具有不同的要求。以下是一些通用的硬件设备要求：

1. 性能

硬件设备的性能是关键要求之一。性能指标包括处理能力、速度、响应时间、吞吐量等方面。不同应用领域对性能有不同的要求，例如，超级计算机需要极高的计算性能，而个人电脑需要满足一般办公和娱乐需求的性能。

2. 可靠性

硬件设备的可靠性是关键要求之一。可靠性包括硬件的稳定性、故障率、寿命和容错能力。在关键应用领域，如医疗设备、核电站控制系统等，硬件设备必须具有极高的可靠性，以确保系统连续运行。

3. 安全性

安全性是硬件设备的重要要求，特别是对于包含敏感信息的设备。硬件设备必须能够抵御各种安全威胁，如黑客攻击、恶意软件和数据泄漏。加密、身份验证和访问控制是确保硬件设备安全性的关键措施。

4. 可维护性

硬件设备的可维护性是一个重要要求，特别是对于大型系统和企业级设备。可维护性包括易于维修、升级和更新。硬件设备的维护应该能够快速定位问题并解决，以减少停机时间。

5. 可扩展性

可扩展性是硬件设备要求的关键方面，尤其是对于企业和组织。硬件设备应该能够扩展以满足未来的需求，包括增加存储容量、增加处理能力和支持新功能。

6. 互操作性

硬件设备的互操作性是一个重要要求，特别是在多个设备和系统需要协同工作的情况下。硬件设备应该能够与其他设备和系统无缝连接和协作，以确保数据和信息的流畅传输。

7. 性价比

性价比是硬件设备要求的一个关键方面。硬件设备的性能、可靠性和功能应该与其价格相匹配，以确保投资的合理性。

总之，硬件设备的种类和要求多种多样，取决于其应用领域和具体需求。硬件设备的性能、可靠性、安全性和可维护性等方面的要求是确保硬件设备能够有效满足用户需求的关键因素。随着技术的不断发展和创新，硬件设备的要求也会不断演变和提高。

二、硬件设备的采购与配置

硬件设备的采购与配置是组织和个人在满足计算、通信、存储和处理需求时的重要步骤。正确的硬件采购和配置可以提高效率、降低成本、增强性能和安全性。

（一）硬件采购的过程

硬件设备的采购是一个复杂的过程，需要经过多个步骤来确保选购到合适的设备。以下是硬件采购的一般过程：

1. 确定需求

首先，组织或个人需要明确自己的需求。这包括确定硬件设备的种类、规格、性能、数量和预算。需求分析是硬件采购的关键步骤，它有助于确保购买的设备能够满足实际需求。

2. 制订采购计划

基于需求分析，制定采购计划，包括设备类型、品牌、型号、数量、预算和采购时间表。采购计划应该根据实际需求和可用资源制定。

3. 寻找供应商

选择合适的供应商是关键。组织或个人可以通过在线搜索、参加招标、咨询专家等方式来寻找供应商。供应商的信誉、服务质量、价格和售后支持是选择供应商的重要因素。

4. 请求报价（RFQ）

向潜在供应商发送请求报价，详细说明所需设备的规格和数量，要求供应商提供报价和产品信息。RFQ 有助于获得不同供应商的报价，并进行比较。

5. 评估和比较报价

收到供应商的报价后,组织或个人需要评估和比较各个报价。评估应包括价格、设备规格、支持服务、保修期等因素。根据评估结果,选择最适合的供应商。

6. 商谈和谈判

与选定的供应商进行商谈和谈判,以确保设备的价格、支持服务、交付时间和付款条件等方面满足双方的需求。谈判可能涉及价格的讨价还价、合同条款的讨论等。

7. 确定交付和安装计划

与供应商协商交付和安装计划,包括交付时间、地点、装配和测试等细节。确保设备的顺利交付和部署。

8. 确保技术支持和保修

与供应商签订技术支持和保修协议,明确设备的保修期、支持方式和服务水平协议。这有助于在设备出现问题时获得及时的支持和维修。

9. 管理采购流程

跟踪和管理采购流程,确保设备按计划交付和部署。随着设备的到来,进行验收和测试,确保设备的性能和规格符合合同要求。

10. 文件管理

维护详细的采购文件,包括合同、发票、保修协议等,以备将来的参考和审计。

硬件采购的过程需要综合考虑多个因素,包括预算、性能要求、供应商信誉和支持服务。通过严格遵循采购流程,可以降低风险,并确保选购到适合需求的硬件设备。

(二)硬件设备的配置

硬件设备的配置是将设备设置为满足特定需求的过程。配置包括硬件设置、操作系统安装、应用程序安装和网络设置等方面。以下是硬件设备配置的一般步骤：

1. 硬件组装

如果硬件设备是组装设备，首先需要将各个硬件组件组装在一起。这包括连接主板、CPU、内存、硬盘、光驱、显卡、电源等。

2. 操作系统安装

在大多数情况下，需要安装操作系统。操作系统的选择取决于硬件设备的用途。安装操作系统需要按照制造商的说明进行，通常需要提供安装媒体（如光盘或 USB 驱动器）和许可证密钥。

3. 驱动程序安装

安装操作系统后，需要安装硬件设备所需的驱动程序。驱动程序是连接硬件设备和操作系统的关键，确保硬件设备能够正常运行。通常，硬件设备的制造商会提供相应的驱动程序。

4. 更新和升级

及时更新操作系统和硬件驱动程序，以确保设备具有最新的安全性和性能修复。此外，根据需要升级硬件设备，如增加内存、更换硬盘等，以提高性能。

5. 应用程序安装

根据需求，安装所需的应用程序。这可以包括办公套件、图形设计工具、开发环境、数据库管理系统等。确保应用程序的许可证合法，以免违反许可协议。

6. 网络设置

进行网络设置，包括连接到局域网或互联网、配置网络适配器、设置 IP 地址和 DNS 等。确保硬件设备可以与其他设备和服务器进行通信。

7. 数据迁移

如果有现有数据需要迁移至新设备，执行数据备份和迁移操作。确保数据完整性和安全性。

8. 安全设置

配置硬件设备的安全设置，包括防火墙、密码策略、用户权限等。增强硬件设备的安全性，以防止未经授权的访问或数据泄漏。

9. 测试和验收

在完成配置后，进行设备的测试和验收。确保设备的性能、功能和安全性符合预期。

10. 文档记录

维护详细的配置记录，包括硬件配置、操作系统信息、驱动程序版本、应用程序列表、网络设置等。这有助于日后的维护和问题排查。

硬件设备的配置是确保设备正常运行和满足需求的关键步骤。它需要精心规划和严格执行，以避免问题和故障，确保设备的长期稳定性和可靠性。

（三）要点

以下是一些硬件设备采购和配置的要点：

1. 需求分析

在开始采购前，彻底了解自己的需求。明确硬件设备的类型、性能要求、预算等，这有助于选择合适的设备。

2. 供应商选择

选择信誉良好的供应商，评估其产品质量、支持服务和价格竞争力。与多个供应商进行比较，以获得最佳的价格和价值。

3. 硬件设备的保修

确保硬件设备附带合适的保修和支持。了解保修覆盖范围和时长，以及如何获得支持服务。

4. 安全性

在配置硬件设备时，关注安全性。配置防火墙、加密、访问控制和密码策略，以保护设备和数据安全。

5. 文件管理

维护详细的文件记录，包括采购文件、配置记录、驱动程序和应用程序的许可证。这些记录可以在需要时提供关键信息。

6. 更新和维护

及时更新操作系统、驱动程序和应用程序，以确保设备具有最新的修复和安全性。定期维护硬件设备，清洁内部组件，检查硬盘健康等。

7. 数据备份

实施数据备份策略，确保数据的完整性和可恢复性。备份数据到多个位置，包括云存储和外部硬盘。

8. 培训和教育

培训员工或用户，以确保他们能够正确使用和维护硬件设备。提供用户手册和培训材料。

9. 定期审查

定期审查硬件设备的性能和配置，以确保其仍然满足需求。根据需要进行升级和更新。

10. 安全性漏洞

定期评估硬件设备的安全性漏洞，采取措施修复潜在的安全问题。

第三节 软件平台的选择与开发

一、软件平台的种类与功能

软件平台多种多样，涵盖了操作系统、开发平台、云计算、数据库、移动应用和其他领域。

第三章 高职院校虚拟仿真实训技术平台建设

(一) 操作系统平台

操作系统是计算机硬件和软件之间的核心媒介,它提供了资源管理、文件系统、网络通信、用户界面等基本功能,使应用程序能够在计算机上运行。

操作系统平台的功能包括资源管理、应用程序支持、用户界面、文件系统和网络通信,它们为计算机和设备提供了基本的运行环境。

(二) 开发平台

开发平台为开发者提供了工具和资源,用于创建、测试和部署各种应用程序。开发平台涵盖多个领域,包括:

Java 开发平台:Java 是一种广泛使用的编程语言,有许多开发工具和框架可供选择。开发者使用 Java 来创建跨平台的应用程序,包括企业级应用、移动应用和云服务。

.NET 开发平台:微软的 .NET 平台支持多种编程语言,如 C# 和 VB.NET,用于 Windows 应用程序开发。许多企业使用 .NET 来构建客户关系管理(CRM)、企业资源规划(ERP)和其他应用程序。

移动应用开发平台:有许多移动应用开发平台,包括针对 Android 和 iOS 的开发工具。这些平台支持移动应用的创建和发布,覆盖了各种行业,如电子商务、社交媒体和游戏。

大数据和人工智能开发平台:阿里云、腾讯云、百度和华为等公司提供了大数据分析、机器学习和深度学习的开发工具和云服务。

开发平台的功能包括编程工具、集成开发环境(IDE)、应用程序接口(API)、库和框架,它们为开发者提供了创建各种类型应用程序的能力。

(三) 云计算平台

云计算平台为用户提供了云基础设施和服务,使他们能够在云上构建、部署和扩展应用程序。云计算平台得到了广泛的发展和应用,包括:

阿里云:阿里云是中国阿里巴巴集团的云计算分支,提供了计算、存储、数据库、人工智能、大数据等云服务。阿里云是中国最大的云计算提供商之一，为各种企业和行业提供了云解决方案。

腾讯云：腾讯云是中国腾讯公司的云计算分支，提供了云服务器、云数据库、人工智能、区块链等服务。腾讯云在中国的移动应用开发、游戏、社交媒体等领域得到广泛应用。

华为云：华为云是中国华为公司的云计算分支，提供了云服务器、存储、人工智能、区块链等云服务。华为云在物联网、智能制造和5G领域有广泛的应用。

百度云：百度云是中国百度公司的云计算分支，提供了大数据分析、人工智能、机器学习等云服务。百度云在搜索引擎、自然语言处理和智能驾驶等领域有广泛的应用。

云计算平台的功能包括计算资源、存储资源、数据库、身份验证、网络服务等，它们为用户提供了弹性、可扩展和成本效益的云基础设施。

二、软件平台的选择原则

在当今数字化时代，选择适当的软件平台对于个人、企业和组织至关重要。不同的软件平台提供了各种功能和特性，以满足不同的需求和目标。正确选择软件平台可以显著影响项目的成功与否。

（一）了解需求和目标

在选择软件平台之前，首要任务是充分了解自己的需求和目标。不同的项目和任务具有不同的要求，因此需要考虑以下因素：

功能需求：确定项目所需的功能和特性。是否需要数据库支持、多语言支持、云计算能力或者移动应用开发？

用户需求：了解项目的最终用户是谁，他们的技术水平、设备偏好和使用习惯。这有助于确定用户界面和交互设计。

业务需求：考虑项目的商业目标和要求。是否需要与外部系统集成、支持电子商务、数据分析或在线营销？

预算和资源：评估项目的预算和可用资源。不同的软件平台可能需要不同的投资，包括开发成本、许可费用和硬件需求。

时间表和截止日期：确定项目的时间表和截止日期。某些软件平台可能需要更多的时间来学习和实施，因此时间管理非常关键。

可扩展性：考虑项目的未来扩展性。软件平台是否能够支持未来的增长和需求变化？

了解需求和目标是选择软件平台的第一步。根据具体的项目要求，可以有针对性地选择最合适的平台。

（二）考虑技术栈和技能水平

另一个关键的因素是团队的技术栈和技能水平。选择一个与团队已有技能相符的软件平台可以提高项目的效率和成功率。考虑以下因素：

开发语言：团队是否已经精通某种特定的开发语言？如果是，可以优先考虑支持该语言的平台。

开发工具：开发团队是否已经熟悉某种特定的开发工具或集成开发环境（IDE）？这可以提高开发效率。

经验和培训：团队成员是否已经有相关的项目经验？如果没有，是否有培训和学习的计划？

支持和社区：软件平台的支持和社区是否活跃？是否有可靠的文档、教程和社交媒体群体？

可用性和招聘：是否容易找到具备相关技能的开发人员？软件平台的可用性对招聘和扩展团队非常重要。

团队的技术栈和技能水平是选择软件平台时需要考虑的重要因素。选择一个与团队已有技能相符的平台可以加快开发进程和减少风险。

（三）跨平台兼容性

在选择软件平台时，需要考虑跨平台兼容性。跨平台能力允许应用程序在多个操作系统、设备和浏览器上运行，从而扩大了受众和用户群体。以下是一些跨平台兼容性的因素：

跨操作系统：确保选择的平台支持多种操作系统，如 Windows、macOS、Linux、iOS 和 Android。

跨设备：考虑应用程序是否可以在不同类型的设备上运行，包括个人电脑、平板电脑、智能手机和物联网设备。

跨浏览器：如果开发 Web 应用程序，确保它能够在各种主流浏览器上正常运行，包括 Chrome、Firefox、Safari 和 Edge 等。

自适应设计：使用响应式设计和自适应布局，以确保应用程序能够适应不同屏幕尺寸和分辨率。

移动友好：如果应用程序面向移动设备用户，确保它具有移动友好的用户界面和性能。

跨平台兼容性有助于扩大受众和用户群体，提高应用程序的可访问性和可用性。

（四）安全性和隐私

安全性和隐私是选择软件平台时必须优先考虑的因素之一。不同的平台具有不同的安全特性和防护措施。应考虑以下因素：

数据加密：确保平台支持数据传输和存储的加密，以保护敏感信息不被窃取。

认证和授权：平台是否提供了用户认证和授权的机制，以防止未经授权的访问？

漏洞管理：了解平台的漏洞管理政策和修复速度。及时修复潜在的安全漏洞非常关键。

安全性标准：考虑平台是否符合国际或行业标准，如 ISO 27001 或 PCI

DSS 等。

隐私政策：了解平台的隐私政策，确保它保护用户数据和隐私。遵循适用的隐私法律和法规也是关键。

安全性测试：在选择软件平台之前，考虑进行安全性测试和漏洞扫描，以评估平台的安全性和弱点。

安全性和隐私问题对于任何应用程序都至关重要，特别是对于处理敏感数据和用户信息的应用程序。选择一个有着坚实安全性基础的平台可以减少潜在风险。

（五）性能和可伸缩性

性能和可伸缩性是选择软件平台时需要考虑的重要因素。性能问题可能会导致应用程序运行缓慢、响应延迟或崩溃，从而影响用户体验。应考虑以下因素：

平台性能：了解平台的性能特性，包括处理速度、内存管理、并发处理和网络性能。

负载均衡：平台是否支持负载均衡，以确保应用程序在高流量情况下保持稳定性？

可伸缩性：考虑平台的可伸缩性，即它是否能够处理应用程序的增长和扩展需求？

缓存和优化：了解平台是否支持缓存和性能优化，以提高应用程序的速度和效率。

数据库性能：如果应用程序涉及数据库，确保数据库平台具有高性能和查询优化功能。

性能和可伸缩性问题直接影响用户体验和应用程序的可用性。选择一个具有强大性能和可伸缩性的平台可以确保应用程序在不同情况下都能正常运行。

三、软件开发的定制与整合

在今天的数字化时代,软件在个人、企业和组织中扮演着关键的角色。然而,不同的实体通常需要不同的软件来满足其独特的需求。为了满足这些需求,软件定制和整合成为了重要的方法。

(一)软件定制的定义和重要性

软件定制,也称为定制软件开发或定制应用程序开发,指的是为特定的客户或组织创建具体需求和规格的软件应用程序。与通用软件不同,定制软件是根据特定用户的需求和业务流程进行设计、开发和实施的。软件定制的重要性包括以下方面:

满足独特需求:每个企业和组织都有其独特的需求和业务流程。通过软件定制,可以创建定制的解决方案,以满足这些特定需求。

提高生产力:定制软件可以被设计成与组织的工作流程高度契合,从而提高生产力和效率。

改善用户体验:由于软件是根据特定用户的需求和偏好进行设计的,因此可以提供更好的用户体验,提高用户满意度。

集成现有系统:定制软件可以集成现有的系统、数据库和第三方应用程序,从而实现数据流畅通、协同工作和信息共享。

数据安全和隐私:企业和组织通常需要更高级别的数据安全和隐私保护。通过软件定制,可以满足这些要求。

软件定制使企业和组织能够获得符合其独特需求的解决方案,从而提高了其竞争力和效率。

(二)软件整合的定义和重要性

软件整合是将不同的软件应用程序、系统、服务或数据源集成在一起,以实现更大的功能和协同工作。这种集成可以在不同层次上进行,包括数据集成、应用程序接口（API）集成、业务流程集成等。软件整合的重要性包括以下方面：

数据一致性：软件整合可以确保不同系统和应用程序之间的数据一致性，消除了数据冗余和不一致性。

业务流程优化：通过将不同的系统集成在一起，可以优化业务流程，减少手动工作和错误。

提高决策支持：软件整合可以提供更全面、实时的数据视图，从而帮助组织做出更好的决策。

客户满意度：软件整合可以改善客户服务，提高客户满意度，提供更好的客户体验。

成本效益：通过减少冗余的工作和提高效率，软件整合可以帮助组织降低成本。

软件整合是现代企业和组织的关键需求，有助于实现更好的协同工作和信息共享。

(三) **软件定制与整合的应用领域**

软件定制和整合在各种应用领域中都有广泛的应用。以下是一些主要应用领域的例子：

企业资源规划（ERP）：ERP 系统通常需要与组织的特定业务流程和数据库进行整合，以满足不同行业和企业的需求。

客户关系管理（CRM）：CRM 软件通常需要根据企业的销售和客户服务流程进行定制，以提高客户满意度。

电子商务：电子商务平台需要与支付网关、物流和库存系统等进行整合，以提供完整的在线购物体验。

医疗保健：医疗保健系统需要与医院信息系统（HIS）和电子病历系统进行整合，以提供全面的病患信息和医疗服务。

物联网（IoT）：IoT 应用需要将各种传感器和设备与数据分析平台进行

整合，以实现智能化的监测和控制。

金融服务：金融服务应用需要与银行核心系统、支付网关和合规系统进行整合，以确保数据安全和交易可追溯性。

制造业：制造业软件需要与机器控制系统和供应链管理系统进行整合，以优化生产流程。

酒店管理：酒店管理软件需要与预订系统、门禁系统和餐饮管理系统进行整合，以提供综合的客户服务。

软件定制和整合在各种行业和领域中都有广泛的应用，有助于满足不同领域的独特需求和业务流程。

（四）软件定制的最佳实践

为了成功地进行软件定制，以下是一些最佳实践：

确定需求：在着手定制项目之前，确保充分了解客户或组织的需求和目标。与客户进行详尽的沟通和需求分析非常关键，以确保定制的软件能够满足期望。

设计阶段：在设计阶段，创建详细的需求文档、用户界面设计和系统架构。这个阶段应该包括各种利益相关者，以确保满足所有需求。

原型开发：在软件开发之前，可以创建原型或模型来验证设计和功能。这有助于发现和解决问题，同时减少后期的更改成本。

敏捷方法：采用敏捷开发方法可以提高软件定制的成功率。敏捷方法鼓励持续的改进和反馈，以确保软件与需求保持一致。

测试和质量保证：进行全面的测试，包括功能测试、性能测试和安全性测试。确保软件质量，并修复所有问题。

培训和支持：为最终用户提供培训和支持，以确保他们能够有效地使用定制的软件。

持续改进：软件定制不应该停留在开发阶段。持续监测和改进软件，以满足新需求和变化。

软件定制的最佳实践有助于确保项目的成功和客户满意度。

（五）软件整合的最佳实践

为了成功地进行软件整合，以下是一些最佳实践：

明确目标：在开始整合项目之前，明确整合的目标和期望结果。这可以帮助定义整合的范围和重点。

数据映射和转换：确保不同系统之间的数据可以映射和转换，以确保数据的一致性和完整性。

使用标准接口：如果可能，使用标准 API 和接口来实现整合，以减少自定义开发的需求。

安全性和隐私：确保在整合过程中考虑数据安全和隐私，使用加密和认证来保护数据。

监测和报警：设置监测和报警系统，以及时检测和解决整合问题。

文档和知识共享：创建详细的文档，以记录整合过程和配置。确保知识共享，以减少对个别专业知识的依赖。

测试和模拟：在生产环境之前，进行充分的测试和模拟，以确保整合的可用性和性能。

软件整合的最佳实践有助于确保项目的成功和系统之间的无缝协同工作。

第四节　虚拟仿真实训技术的实际应用

一、虚拟仿真在课堂教学中的应用

随着科技的不断发展，虚拟仿真技术在教育领域中的应用变得越来越普遍。虚拟仿真允许学生在虚拟环境中模拟真实世界的情境，从而提供了丰富的学习体验。

（一）虚拟仿真的定义

虚拟仿真是一种通过计算机技术模拟和再现现实世界的环境、过程或情境的方法。它通常包括三个主要元素：

虚拟性：虚拟仿真创造了一个虚拟的环境，可以在计算机屏幕上或通过虚拟现实设备来呈现。

模拟性：虚拟仿真可以模拟真实世界的物理和逻辑过程，以便学生可以与之互动。

交互性：学生可以与虚拟仿真环境进行互动，探索、实验和应用知识。

（二）虚拟仿真在课堂教学中的优势

安全性：虚拟仿真环境允许学生在不承担真实世界风险的情况下进行实验。这对于学习涉及危险操作或材料的学科，如化学、生物学和医学，尤其重要。

可重复性：虚拟仿真允许教育者在相同的环境中进行多次实验，以强调特定概念或原理。这有助于提高学生的理解和记忆。

跨学科：虚拟仿真可以应用于多个学科，包括数学、科学、技术、工程、医学、艺术和社会科学。这使得学生可以在不同领域之间建立联系，促进跨学科学习。

互动性：学生可以积极参与虚拟仿真环境，探索和实验。他们可以随时获得反馈，从错误中学习，并加深他们的理解。

提供实践经验：虚拟仿真使学生能够在真实世界情境中应用知识，从而提供实践经验。这对于培养学生的问题解决和决策能力非常重要。

成本效益：虚拟仿真减少了对物理资源的需求，例如实验室设备或材料。这降低了课堂教学的成本。

可扩展性：虚拟仿真可以扩展到远程或在线学习环境，使学习更具灵活性和普及性。

高度可视化：虚拟仿真通常是高度可视化的，有助于学生更好地理解抽象或复杂的概念。

虚拟仿真的这些优势使其成为课堂教学中有力的工具，可以提高学生的学习体验和成绩。

（三）虚拟仿真的应用领域

虚拟仿真在各种教育领域中都有广泛的应用。以下是一些主要应用领域的例子：

科学教育：虚拟仿真可用于教授物理学、化学、生物学和地理学等自然科学学科。学生可以模拟实验、观察天文现象、研究生物系统等。

工程教育：工程学生可以使用虚拟仿真来设计和测试机械、电子和土木工程项目。这有助于培养他们的设计和问题解决能力。

医学教育：医学学生可以使用虚拟仿真来进行外科手术模拟、临床诊断和解剖学教育。这有助于提高他们的临床技能。

艺术和设计教育：虚拟仿真可以用于创意艺术和设计学科，允许学生创建虚拟艺术品和设计模型。

航空航天和模拟飞行：航空和航天学生可以使用飞行模拟器进行飞行训练，提高他们的飞行技能。

虚拟实验室：虚拟实验室可以模拟化学实验、生物实验、物理实验等，允许学生在虚拟环境中进行实验，降低风险和成本。

历史和文化教育：学生可以使用虚拟仿真来模拟历史事件、文化场景和古代建筑，以更好地理解历史和文化。

虚拟旅行和地理教育：虚拟仿真可以帮助学生探索世界各地的地理和文化景点，从而促进地理教育。

虚拟语言学习：语言学习者可以使用虚拟仿真来模拟与不同语种的人进行对话和交流，提高语言技能。

这些应用领域只是虚拟仿真在教育中的一部分应用，其潜在应用领域几乎没有限制。虚拟仿真可以根据不同学科和教育层次的需求进行定制和扩展。

二、学生实训环境的创建与管理

学生实训环境的创建与管理是教育领域的一个重要课题。这涉及为学生提供一个仿真的学习环境，以培养他们的实际技能和知识。学生实训环境可以包括物理实验室、虚拟实验室、模拟环境、工作坊和在线课程等。

（一）学生实训环境的定义

学生实训环境是指为学生提供实际技能培训和知识传授的教育环境。这些环境旨在模拟现实世界的情境，允许学生应用他们在课堂上学到的理论知识。学生实训环境可以采用多种形式，包括：

物理实验室：提供物理设备和实验条件，以让学生进行实验和观察。

虚拟实验室：使用计算机仿真技术创建虚拟实验环境，让学生进行实验和模拟。

模拟环境：通过模拟现实情境，如医疗仿真模型、飞行模拟器或商业模拟场景，让学生进行操作和练习。

工作坊：提供学生机会在小组中进行合作和实践活动，以解决复杂问题。

在线课程：利用在线学习平台提供课程内容，允许学生随时随地学习和练习。

学生实训环境旨在促进实际技能的发展、提高问题解决能力、培养创新思维和提供职业准备。

（二）学生实训环境的重要性

学生实训环境在教育中具有重要的作用，其重要性体现在以下几个方面：

实际技能培养：学生实训环境提供了一个让学生实际应用所学知识的

机会。通过实际操作和练习，学生可以培养实际技能，提高职业竞争力。

知识转化：学生实训环境有助于将抽象的理论知识转化为实际操作和实际问题的解决。这有助于学生更好地理解和应用所学知识。

创新能力：学生实训环境鼓励学生进行探索、实验和创新。这有助于培养创新思维和解决问题的能力。

团队协作：在某些学生实训环境中，学生需要与同学合作，解决复杂的问题。这有助于培养团队协作和沟通技能。

职业准备：学生实训环境可以模拟真实的工作情境，为学生提供职业准备。这有助于学生更好地适应未来的职业环境。

反馈和改进：学生实训环境通常提供实时反馈，让学生知道他们的表现如何。这有助于学生不断改进和提高。

学生实训环境的重要性在于提供了更多实际、参与性的学习机会，有助于学生的全面发展和职业发展。

(三) 学生实训环境的设计原则

为了创造有效的学生实训环境，需要考虑一些设计原则，包括：

目标导向：明确定义学生实训环境的目标和期望结果。这有助于确保学生实际培训与学习目标一致。

实际性：学生实训环境应该模拟真实世界的情境，使学生能够应用所学知识。

反馈机制：提供实时反馈和评估，以帮助学生改进和提高。

互动性：鼓励学生积极参与实际操作、实验和练习。这有助于加深学习。

跨学科：学生实训环境应该鼓励学生跨学科学习，将不同学科的知识整合在一起。

可扩展性：学生实训环境可以根据不同学科和学年级的需求进行定制和扩展。

安全性：确保学生实训环境的安全性，尤其是在需要使用设备或材料的情况下。

可访问性：学生实训环境应该对所有学生开放，包括残疾学生。这需要考虑到无障碍设计原则。

这些设计原则有助于确保学生实训环境的有效性和质量。

（四）学生实训环境的最佳实践

为了有效创建和管理学生实训环境，可以考虑以下最佳实践：

需求分析：在创建学生实训环境之前，进行详细的需求分析。了解学生的需求、目标和学科领域的特点，以确保环境的设计满足这些要求。

多样性：提供多样性的实训环境，以满足不同学科和学生的需求。不同领域可能需要不同类型的实训环境，包括物理实验室、虚拟实验室、模拟器和在线学习。

资源投入：确保有足够的资源，包括设备、技术和人力资源，以支持学生实训环境的创建和管理。资源的投入与实际收益之间需要达到平衡。

教师培训：为教师提供必要的培训和支持，以有效地管理和指导学生实训环境。教师需要了解如何使用实训环境，为学生提供指导和支持。

学生参与：鼓励学生积极参与实训环境，提供机会进行探索、实验和创新。学生的参与度与学习效果之间存在正相关关系。

持续改进：定期评估和改进学生实训环境，以确保其与教育目标和最佳实践保持一致。反馈和评估是不断改进的关键。

技术支持：确保学生实训环境的技术设备和平台的稳定性和可用性。提供技术支持，以解决技术问题。

安全管理：对于需要使用设备或材料的实训环境，确保安全管理和培训，以降低风险。

合作与分享：鼓励教育机构之间的合作和资源共享，以扩大学生实训环境的可访问性和可持续性。

这些最佳实践有助于确保学生实训环境的有效创建和管理，提供丰富的学习机会。

（五）未来发展趋势

学生实训环境的未来发展趋势包括：

虚拟现实和增强现实：随着 VR 和 AR 技术的不断发展，学生实训环境将更加具有现实感。学生可以通过头戴式 VR 设备或智能手机 AR 应用来体验实训环境。

个性化学习：学生实训环境将更加个性化，根据学生的水平、兴趣和学习需求进行定制。这有助于提高学习效果。

数据驱动的教育：学生实训环境可以收集大量数据，以帮助教育者了解学生的学习过程和需求。这有助于改进教学方法和内容。

开放教育资源：学生实训环境的内容和工具可以成为开放教育资源，提高教育的可访问性和可持续性。

远程学习和在线实训：随着远程学习的增加，学生实训环境将更多地提供在线学习和实际操作的机会。

跨学科教育：学生实训环境将促进跨学科学习，帮助学生将不同领域的知识整合在一起。

职业培训和模拟：学生实训环境在职业培训和模拟方面的应用也在增加。企业和组织可以使用学生实训环境来培训员工，模拟复杂的工作情境。

学生实训环境将在未来继续发展，提供更丰富的学习机会和更高的教育质量。这些趋势将有助于学生更好地适应未来的职业和社会需求。

学生实训环境的创建与管理是教育领域的一个重要任务。它涉及为学生提供实际技能培训和知识传授的环境，以培养他们的实际技能、知识转化、创新思维和职业准备。学生实训环境可以采用多种形式，包括物理实验室、虚拟实验室、模拟环境、工作坊和在线课程。有效的创建和管理学生实训环境需要考虑设计原则和最佳实践，以确保其质量和有效性。未来，学生实训环境将继续发展，提供更丰富的学习机会和更高的教育质量。

第五节　数据采集与处理技术在实训中的应用

一、数据采集技术的重要性

在当今信息时代，数据已成为我们生活和工作的重要组成部分。数据采集技术是获取、记录和存储信息的方法和工具，它在各个领域都起着至关重要的作用。无论是学术研究、商业分析、政府政策制定还是医疗保健，数据采集技术都具有重要性，它帮助我们了解现实世界、做出明智的决策、改进业务和解决问题。

（一）数据采集技术的定义

数据采集技术是一种通过各种手段和工具获取信息的过程。这些信息可以是数字或非数字形式的，包括文本、图像、音频、视频、传感器数据等。数据采集技术通常包括以下步骤：

数据定义：确定需要采集的数据类型和内容，包括数据的结构和格式。

数据采集：使用各种工具和方法从不同的来源获取数据，如传感器、调查问卷、网络爬虫、摄像头等。

数据记录和存储：将采集到的数据记录和存储在合适的位置，以备将来使用。

数据处理和分析：对采集的数据进行清理、处理和分析，以提取有用的信息和知识。

数据可视化：将数据可视化为图形、图表或报告，以便更好地理解和传达信息。

数据采集技术可以应用于各个领域，包括科学研究、商业、医疗保健、政府、教育和社会科学等。

(二) **数据采集技术的应用领域**

数据采集技术在各个领域都有广泛的应用,以下是一些主要领域的例子:

科学研究:科学家使用数据采集技术来收集实验数据、观测天文现象、记录生态系统变化等,以推动科学研究的进展。

商业分析:企业使用数据采集技术来收集关于市场趋势、客户行为和竞争对手的数据,以支持业务决策和战略规划。

医疗保健:医疗领域使用数据采集技术来监测患者的生理参数、记录病例信息、进行医疗影像诊断等,以提供更好的医疗服务。

政府政策制定:政府使用数据采集技术来收集人口统计数据、经济指标、犯罪统计等信息,以制定政策和规划社会发展。

教育研究:教育领域使用数据采集技术来评估学生的学术成绩、教学效果和学校管理,以提高教育质量。

社会科学研究:社会科学家使用数据采集技术来进行社会调查、民意调查、心理学实验等,以研究社会行为和社会现象。

这些应用领域只是数据采集技术的一部分,它在各个领域中都发挥着关键作用,为决策制定和问题解决提供了基础数据。

(三) **数据采集技术的优势**

数据采集技术具有许多优势,其中一些包括:

客观性:数据采集技术可以提供客观、可验证的信息,减少了主观偏见和误解的可能性。

实时性:许多数据采集技术可以提供实时数据,使决策制定更及时。

大数据处理:现代数据采集技术可以处理大规模的数据,包括结构化和非结构化数据,从中提取有用信息和知识。

可再现性:通过记录和存储数据,可以实现数据采集的可再现性,使研究和分析结果可验证和重复。

节约成本：一些数据采集技术可以节省时间和成本，避免了传统方法中的烦琐工作。

多样性：数据采集技术可以应用于各种数据类型，包括文本、图像、音频、视频和传感器数据。

可扩展性：数据采集技术可以根据需要扩展，以适应不同规模的数据需求。

智能分析：一些数据采集技术结合了人工智能和机器学习技术，能够自动分析和挖掘数据，提供更深层次的洞察。

这些优势使数据采集技术成为了现代社会的关键工具，有助于提高效率、降低成本和改善决策制定。

（四）数据采集技术的挑战

尽管数据采集技术具有许多优势，但也面临一些挑战，包括：

数据质量问题：数据采集过程中可能会受到数据错误、噪声和不完整性的影响，导致数据质量问题。

隐私和安全：随着数据的不断采集和共享，数据隐私和安全成为一个重要问题，需要采取措施来保护敏感信息。

数据分散：数据通常分散在不同的地方和系统中，需要进行整合和标准化，以使数据可用于分析。

数据伦理：在数据采集和使用中，需要遵守伦理原则，确保数据使用的合法性和公平性。

技术复杂性：一些高级的数据采集技术，如传感器网络和大数据处理，需要专业知识和技术支持。

数据量爆炸：随着数据量的不断增加，数据管理和分析变得更加复杂，需要更多的计算资源和存储容量。

法律法规：不同国家和地区有不同的关于数据采集和使用的规定，需要遵守这些法律法规。

克服这些挑战需要综合考虑技术、政策、伦理和管理等因素，以确保数据采集技术的有效和可持续应用。

（五）未来发展趋势

数据采集技术的未来发展趋势包括：

智能数据采集：随着人工智能和机器学习技术的不断发展，数据采集技术将变得更加智能化，能够自动识别、分析和挖掘数据。

边缘计算：边缘计算技术将允许数据在采集点附近进行实时处理，减少数据传输和存储的负担，提高数据采集的效率。

云计算和大数据：云计算和大数据技术将为数据采集提供更多的计算和存储资源，支持大规模数据的处理和分析。

传感器网络：传感器网络将进一步扩展，用于监测和采集环境数据，如物联网应用。

数据伦理和隐私保护：随着数据隐私和伦理问题的日益重要，将出现更多的法规和技术解决方案来保护数据和隐私。

数据可视化：数据可视化技术将继续发展，使数据更容易理解和传达。

交叉学科合作：数据采集技术将促进不同领域之间的合作，以解决复杂问题和推动创新。

数据采集技术将在未来继续发展，成为推动科学研究、商业决策、政策制定和社会进步的关键工具。

数据采集技术在当今信息时代具有重要性，它是获取、记录和存储信息的关键方法和工具。数据采集技术应用广泛，涵盖了科学研究、商业分析、医疗保健、政府政策制定、教育研究和社会科学研究等领域。数据采集技术具有许多优势，包括客观性、实时性、大数据处理能力和多样性。然而，它也面临一些挑战，如数据质量问题、隐私和安全问题、数据分散等。未来，数据采集技术将继续发展，变得更加智能化、可持续，并促进跨学科合作，推动科学、商业和社会的进步。数据采集技术的重要性将继续增加，成为决策制定和问题解决的不可或缺的工具。

二、数据处理与分析方法

数据处理与分析是当今信息时代的核心活动之一。随着数据的爆炸性增长和数据来源的多样化，有效地处理和分析数据变得至关重要。数据处理包括将原始数据转化为有用的信息，而数据分析则涉及从数据中提取模式、趋势和洞察。这两个领域紧密相连，共同为各个领域的决策制定、问题解决和创新提供支持。

（一）数据处理与分析的定义

数据处理是指将原始数据转化为有用信息的过程。这包括数据清理、数据整合、数据转换和数据存储等活动。数据分析则是对数据进行深入研究和解释，以发现模式、趋势和知识。数据处理和分析通常包括以下步骤：

数据采集：获取原始数据，可以来自不同来源，包括传感器、调查问卷、数据库、日志文件等。

数据清理：处理数据中的错误、缺失和异常值，以提高数据质量。

数据整合：将来自不同数据源的数据整合到一个统一的数据仓库或数据库中。

数据转换：对数据进行转换和计算，以生成新的特征或指标。

数据存储：将处理后的数据存储在适当的位置，以备将来使用。

数据分析：使用各种统计、机器学习和数据挖掘技术来分析数据，以提取模式和知识。

数据可视化：将数据可视化为图形、图表或报告，以便更好地理解和传达信息。

数据处理与分析方法涉及多个技术领域，包括统计学、机器学习、数据挖掘、人工智能等。

(二) 数据处理与分析的步骤

数据处理与分析通常包括以下步骤:

数据收集:收集原始数据,可以来自多个数据源,包括传感器、数据库、日志文件、调查问卷等。

数据清理:对数据进行清理,处理错误、缺失和异常值。这包括数据去重、异常值检测、数据填充等活动。

数据整合:将来自不同数据源的数据整合到一个数据仓库或数据库中,以便后续分析。

数据转换:对数据进行转换和计算,以生成新的特征或指标。这可能涉及数据聚合、标准化、降维等操作。

数据存储:将处理后的数据存储在适当的位置,以备将来使用。这可以是本地存储、云存储或数据库。

数据分析:使用统计、机器学习、数据挖掘等技术对数据进行分析。这包括探索性数据分析、建模和模型评估。

数据可视化:将分析结果可视化为图形、图表或报告,以便更好地理解和传达信息。

数据解释和应用:根据分析结果做出决策、制定策略或采取行动。

这些步骤通常是迭代的,数据处理与分析是一个循环的过程,随着新数据的到来和新问题的出现,需要不断进行更新和改进。

(三) 数据处理与分析的应用领域

数据处理与分析方法可以应用于多个领域,以下是一些主要领域的应用:

商业分析:企业使用数据处理与分析来分析销售数据、市场趋势、客户行为,以支持决策制定和业务优化。

科学研究:科学家使用数据处理与分析来处理实验数据、模拟结果、观测数据，以推动科学研究的进展。

医疗保健：医疗领域使用数据处理与分析来进行病例研究、疾病预测、医疗效果评估和患者监测。这有助于提供更好的医疗服务和医学研究。

金融领域：金融机构使用数据处理与分析来评估风险、制定投资策略、进行市场预测和监测金融市场。

政府政策制定：政府部门使用数据处理与分析来分析人口统计数据、经济指标、犯罪统计等信息，以制定政策和规划社会发展。

教育研究：教育领域使用数据处理与分析来评估学生的学术成绩、教学效果、学校管理和课程设计，以提高教育质量。

社会科学研究：社会科学家使用数据处理与分析来进行社会调查、民意调查、心理学实验等，以研究社会行为和社会现象。

互联网和社交媒体分析：互联网和社交媒体公司使用数据处理与分析来监测用户行为、推荐内容、广告定位和用户体验优化。

这些应用领域只是数据处理与分析的一部分，它在各个领域中都发挥着关键作用，为决策制定和问题解决提供支持。

（四）数据处理与分析的未来趋势

数据处理与分析的未来发展趋势包括：

自动化和智能化：数据处理与分析将变得更加自动化和智能化，使用机器学习和人工智能技术来自动化数据清理、模型训练和洞察提取。

边缘分析：边缘计算技术将允许数据在采集点附近进行实时处理，减少数据传输和存储的负担，提高数据分析的效率。

数据伦理和隐私保护：随着数据隐私和伦理问题的日益突出，将出现更多的法规和技术解决方案来保护数据和隐私。

大数据和云计算：大数据和云计算技术将为数据处理与分析提供更多的计算和存储资源，支持大规模数据的处理和分析。

可解释性机器学习：随着机器学习的广泛应用，机器学习模型的可解释性将变得更加重要，以支持决策制定和模型可信度。

数据科学伦理：数据科学伦理将成为数据处理与分析的一个重要领域，涉及数据收集、使用和共享的道德和法律问题。

数据治理和质量控制：数据治理和数据质量控制将成为组织中重要职能，以确保数据的一致性和质量。

这些趋势将影响数据处理与分析的未来发展，带来更高效、智能、可靠和负责任的数据分析方法。

数据处理与分析是当今信息时代的核心活动，它涉及将原始数据转化为有用的信息和从数据中提取模式。数据处理与分析方法包括数据清理、整合、转换、存储、分析、可视化和应用等步骤。这些方法涵盖了多个技术领域，包括统计学、机器学习、数据挖掘和人工智能。数据处理与分析在各个领域都有广泛的应用，包括商业、科学、医疗保健、政府、教育和社会科学等。未来，数据处理与分析将变得更加自动化、智能化、可靠和负责任，为决策制定和问题解决提供更好的支持。数据处理与分析的重要性将继续增加，成为信息社会中不可或缺的关键活动。

第六节 平台更新与维护管理

一、虚拟仿真平台的更新策略

虚拟仿真平台是一种强大的工具，用于模拟各种现实世界的情境，以便在不同领域中进行培训、教育、研究和开发。这些平台在医疗、军事、航空航天、教育、工业等各个领域都有广泛的应用。然而，随着技术的不断发展和需求的不断变化，虚拟仿真平台需要定期更新和改进，以保持其有效性和竞争力。

(一)虚拟仿真平台的更新原因

虚拟仿真平台的更新是为了满足不断变化的需求和技术发展的要求。以下是一些常见的更新原因:

技术进步:虚拟仿真平台通常依赖于先进的技术,如图形处理、物理引擎、虚拟现实和增强现实技术。随着这些技术的不断进步,更新可以使平台更具吸引力、交互性和性能。

用户需求:用户需求随时间而变化。虚拟仿真平台需要根据用户的反馈和需求进行更新,以提供更好的用户体验和满足不断增长的需求。

新功能和内容:随着新功能、内容和模拟场景的需求的出现,更新可以帮助虚拟仿真平台保持竞争力,并吸引更多的用户。

安全性和稳定性:安全性是虚拟仿真平台的关键问题。更新可以帮助修复已知的漏洞和提高平台的稳定性,以保护用户的数据和隐私。

法规和标准:虚拟仿真平台可能需要满足特定的法规和行业标准。定期更新可以确保平台符合最新的法规和标准要求。

竞争压力:在市场竞争激烈的情况下,虚拟仿真平台需要不断更新以保持竞争力和吸引更多的用户和客户。

(二)虚拟仿真平台的更新方法

虚拟仿真平台的更新可以采用不同的方法和策略,以下是一些常见的更新方法:

软件更新:通过定期发布新的软件版本来更新虚拟仿真平台。这可以包括修复漏洞、添加新功能、改进性能和提供更好的用户界面。

内容更新:更新虚拟仿真平台的内容,包括新的模拟场景、虚拟世界、任务和案例。这可以帮助用户获得新的体验和学习机会。

数据更新:更新虚拟仿真平台的数据,包括模型、模拟参数和虚拟对象的信息。这可以提高模拟的准确性和真实感。

技术更新:采用新的技术,如虚拟现实头显、手势识别、增强现实技术等，以提供更好的用户交互和体验。

用户反馈：倾听用户的反馈和建议，根据他们的需求和意见来更新虚拟仿真平台。

测试和验证：在发布更新之前，进行充分的测试和验证，以确保更新不会引入新的问题或漏洞。

定期维护：定期进行平台维护，包括性能优化、数据备份、安全更新和系统监控。

合作伙伴关系：建立合作伙伴关系，与其他组织和供应商合作，以获取新的技术和内容。

不同的虚拟仿真平台可能采用不同的更新方法，取决于其特定的需求和用户群。

（三）虚拟仿真平台的更新周期

虚拟仿真平台的更新周期可以因平台的性质、目标和领域而异。一些平台可能需要更频繁的更新，而另一些平台可能较稳定且较少更新。以下是一些考虑因素：

领域需求：某些领域需要更频繁的更新，以跟踪最新的技术和知识。例如，医疗仿真平台可能需要更频繁的更新，以反映最新的医疗实践和技术。

技术发展：某些平台可能受到技术发展的驱动，需要更频繁的更新以应对新的技术和功能。

用户反馈：用户的反馈和需求也可以影响更新周期。如果用户提出了新的需求或问题，更新可能会更频繁。

法规和标准：受到法规和行业标准的约束，平台可能需要更频繁的更新以满足这些要求。

竞争压力：市场竞争和竞争对手的动态也可以影响更新周期。在竞争激烈的市场中，为了保持竞争力，平台可能需要更频繁的更新。

成本和资源：更新的频率也受到可用的资源和成本的影响。频繁的更新可能需要更多的资源和资金支持。

用户基础：用户基础的规模和特征也可以影响更新周期。大规模用户群体可能需要更频繁的更新，因为他们的需求和反馈更广泛。

总的来说，更新周期应该根据平台的需求、用户群体、技术发展和市场情况来制定，以确保平台保持竞争力和有效性。

（四）虚拟仿真平台更新的最佳实践

以下是一些虚拟仿真平台更新的最佳实践：

持续用户反馈：定期收集用户的反馈和建议，以了解他们的需求和痛点。这可以帮助确定更新的重点和方向。

灵活的更新计划：制定灵活的更新计划，以根据需求和机会进行调整。不要过于固定在特定的更新周期上。

定期测试和验证：在发布更新之前，进行充分的测试和验证，以确保更新不会引入新的问题或漏洞。

保持兼容性：在进行重大更新时，要确保平台的兼容性，以避免影响现有用户的体验。

定期维护：进行定期维护，包括性能优化、数据备份、安全更新和系统监控。

数据保护和隐私：确保用户的数据和隐私得到妥善保护，遵守相关的法规和法律要求。

定期培训和支持：为用户提供培训和支持，以帮助他们适应新的更新和功能。

合作伙伴关系：建立合作伙伴关系，与其他组织和供应商合作，以获取新的技术和内容。

持续监测和评估：定期监测平台的使用情况和效果，进行评估和改进。

沟通和宣传：定期与用户和客户沟通，宣传更新的重要性和优势。

这些最佳实践可以帮助虚拟仿真平台有效地进行更新,并满足不断变化的需求和技术发展。

虚拟仿真平台的更新是为了满足不断变化的需求和技术发展的要求。更新的原因可以包括技术进步、用户需求、新功能和内容、安全性和稳定性、法规和标准、竞争压力等。更新可以采用不同的方法,包括软件更新、内容更新、数据更新、技术更新、用户反馈、测试和验证、定期维护和合作伙伴关系。更新的周期应该根据平台的需求、用户群体、技术发展和市场情况来制定。最佳实践包括持续用户反馈、灵活的更新计划、定期测试和验证、保持兼容性、定期维护、数据保护和隐私、培训和支持、合作伙伴关系、持续监测和评估、沟通和宣传。通过采用这些最佳实践,虚拟仿真平台可以保持竞争力和有效性,满足用户和市场的需求。

二、平台维护与故障排除

维护和故障排除是所有技术平台或系统的关键组成部分,虚拟仿真平台也不例外。维护旨在确保平台的稳定性和性能,而故障排除则是解决问题和修复故障的过程。虚拟仿真平台的有效维护和故障排除对于提供连续、高质量的服务至关重要。

(一)平台维护与故障排除的定义

平台维护:平台维护是指对虚拟仿真平台的例行保养、修复和更新,以确保其正常运行、稳定性和性能。维护活动可以包括硬件和软件的更新、性能监控、数据备份、安全更新、用户支持、定期检查和预防性维护。维护的目标是提供高可用性和可靠性的平台,减少潜在的故障和中断。

故障排除:故障排除是指识别、分析和修复虚拟仿真平台中出现的问题和故障。这些问题可能包括系统崩溃、性能下降、错误消息、用户访问问题等。故障排除的目标是恢复平台的正常运行,减少对用户的影响,并识别潜在的根本原因,以避免未来的故障。

(二)平台维护与故障排除的重要性

平台维护与故障排除在虚拟仿真平台中至关重要,有以下重要性:

保持稳定性和性能:维护可以确保平台的稳定性和性能,减少系统崩溃和性能下降的风险。这有助于提供用户连续的高质量体验。

减少中断和停机时间:通过维护和预防性措施,可以减少不必要的中断和停机时间。这对于那些依赖于虚拟仿真平台的用户和客户至关重要。

保护用户数据和隐私:维护和故障排除可以确保用户的数据和隐私得到妥善保护。它可以帮助防止数据泄露、丢失或滥用。

提高用户满意度:提供快速和有效的故障排除和支持,可以提高用户满意度。用户对于能够获得及时帮助和解决问题的平台更有信心。

降低成本:维护和故障排除可以降低长期运营成本。未经维护的平台可能需要更多的紧急维修和服务,这会增加成本。

遵守法规和标准:维护和故障排除可以确保平台符合相关法规和行业标准,避免潜在的法律问题。

支持创新和发展:稳定的平台为创新和发展提供了可靠的基础。维护可以确保平台满足不断变化的需求和技术发展。

综上所述,平台维护与故障排除对于保持虚拟仿真平台的可用性、可靠性和竞争力至关重要。

(三)平台维护与故障排除的最佳实践

以下是一些平台维护与故障排除的最佳实践:

定期维护计划:建立定期维护计划,包括硬件和软件的更新、性能监控、数据备份、安全更新和用户支持。这些计划应根据平台的需求和复杂性来制定。

预防性维护:实施预防性维护措施,以减少潜在的故障和问题。这可以包括定期检查、性能调整、系统清理和数据优化。

故障排除流程：建立清晰的故障排除流程，以帮助快速识别、分析和修复问题。流程应包括问题报告、优先级确定、跟踪和问题解决。

数据备份和恢复计划：制定数据备份和恢复计划，以确保在数据丢失或损坏的情况下能够快速恢复。

安全更新：定期更新平台的安全补丁和更新，以保护用户数据和系统安全。

用户支持和培训：提供有效的用户支持和培训，以帮助用户解决问题和提高使用效率。

性能监控和报警：实施性能监控和报警系统，以及时发现性能问题并采取措施。

用户反馈收集：积极收集用户反馈和建议，以改进平台和解决问题。用户反馈可以提供有关平台性能和功能的宝贵信息。

团队合作：建立一个专业的维护和支持团队，负责处理维护和故障排除任务。确保团队具备必要的技能和知识。

持续改进：根据实际经验和反馈，持续改进维护和故障排除流程。不断寻求提高效率和减少故障的方法。

文档和记录：维护详细的文档和记录，以记录维护活动、问题和解决方案。这有助于追踪问题的根源和提高未来的维护效率。

自动化工具：考虑使用自动化工具来监控性能、备份数据、更新软件等，以减少手动工作和提高效率。

这些最佳实践可以帮助确保虚拟仿真平台的可用性和可靠性，同时降低维护和故障排除的复杂性。

（四）平台维护与故障排除的未来趋势

虚拟仿真平台维护与故障排除领域的未来趋势包括：

自动化和智能化：未来将有更多的自动化和智能化工具用于维护和故障排除，以帮助快速识别和解决问题。

大数据和分析：大数据和分析技术将用于性能监控和问题预测，以提前发现潜在的故障和性能问题。

云基础架构：云计算将为虚拟仿真平台提供更灵活的维护和扩展选项，同时降低成本。

安全性和隐私：随着数据安全和隐私的重要性不断增加，未来将看到更多的安全更新和保护措施。

自愈系统：自愈系统将能够自动检测和解决问题，而无需人工干预。

物联网集成：IoT 技术将用于监测硬件设备的性能和健康状态，以及远程故障排除。

人工智能支持：AI 将用于自动分析用户反馈和大量数据，以改进用户支持和维护决策。

预测性维护：通过机器学习和分析技术，将能够预测设备和系统的故障，并采取预防性措施。

总的来说，虚拟仿真平台维护与故障排除领域将不断发展和创新，以满足不断变化的需求和挑战。

虚拟仿真平台的维护与故障排除是确保平台稳定性、可用性和可靠性的关键活动。它有助于降低中断和停机时间，保护用户数据和隐私，提高用户满意度，降低成本，支持创新和发展，遵守法规和标准。通过采用最佳实践和关注未来趋势，虚拟仿真平台可以确保维护和故障排除的高效性和效果。维护和故障排除将继续在虚拟仿真平台中扮演关键角色，以满足用户和市场的需求。

第四章 高职院校虚拟仿真实训课程体系建设

第一节 实训课程体系设计的基本原则

一、实训课程体系设计的指导原则

实训课程体系设计是教育领域中的一个关键环节，它涉及课程内容、教学方法、评估方式等多个方面的考虑。一个成功的实训课程体系能够有效地培养学生的实际能力和技能，使他们在职业生涯中取得成功。因此，实训课程体系的设计必须遵循一些指导原则，以确保其质量和有效性。

（一）需求分析

1. 学生需求优先

实训课程体系的设计应以学生的需求为出发点。了解学生的背景、兴趣、目标和需求是关键，只有这样才能确保课程体系能够满足他们的期望和要求。这包括了解学生的先前知识水平、技能水平以及他们所希望获得的实际经验。通过有效的需求分析，可以根据学生的需求来定制实训课程，使其更具吸引力和实用性。

2. 行业需求分析

实训课程体系设计还应考虑到当前和未来的行业需求。了解特定领域的就业趋势、技能需求和市场要求对于课程内容的选择非常重要。这可以通过与行业专家、雇主和相关组织的合作来实现，以确保实训课程体系与实际职业要求保持一致。

3. 职业路径和职业发展

实训课程体系的设计应该将学生的职业发展路径考虑在内。这意味着实训课程不仅要提供基本技能培训，还要为学生提供更广阔的职业发展视野。课程体系应该包括多个级别和专业方向，以满足不同学生的不同需求，帮助他们在职业生涯中实现成功。

（二）跨学科整合

1. 综合性教育

实训课程体系的设计应鼓励跨学科整合，使学生能够获得全面的教育。综合性教育可以帮助学生建立更广泛的知识和技能，从而提高他们的综合素质。例如，一个实训课程可以涵盖多个学科，如技术、商业、社会科学等，以使学生具备更全面的能力。

2. 跨学科合作

跨学科整合还包括不同学科之间的合作和协同工作。不同学科的教师和专业人员可以共同设计和教授实训课程，以确保学生获得多样化的知识和经验。这有助于打破传统学科之间的壁垒，促进综合性学习。

（三）反馈循环

1. 持续改进

实训课程体系设计应该包括一个持续的反馈循环，以不断改进课程的质量和效果。教育者应积极收集学生、教师和行业合作伙伴的反馈意见，以了解课程的不足之处，并采取相应的措施进行改进。这有助于确保实训课程体系始终保持与时俱进。

2. 评估和评价

实训课程体系的设计还应包括有效的评估和评价机制，以评估学生的学习成果。这可以通过多种方式实现，包括考试、项目、作业、实际表现等。评估结果应该用于识别课程的强项和薄弱环节，并为学生提供有针对性的反馈和指导。

3. 持续学习

反馈循环还应鼓励教师和教育者的持续学习和专业发展。他们应该不断改进自己的教学方法，以适应不断变化的学生需求和教育环境。反馈循环也可以帮助教育机构更好地管理和发展实训课程体系。

（四）可持续性

1. 资源管理

实训课程体系设计必须考虑可持续性，包括资源的有效管理和利用。这包括物质资源、人力资源和财务资源。教育机构应确保资源的合理分配，以支持实训课程的可持续发展。

2. 更新和维护

实训课程体系的设计也要考虑到课程内容的更新和维护。技术和知识领域不断发展，因此课程内容需要定期更新，以反映最新的发展趋势。这需要不断投入时间和资源，以确保课程的实际性和有效性。同时，维护课程的质量也需要不断的监督和改进。

3. 合作伙伴关系

实训课程体系的设计可以通过与行业合作伙伴建立稳固的关系来实现可持续性。与行业合作伙伴的合作可以提供资源支持、实际经验和就业机会，从而增强课程的吸引力和可持续性。这种合作还可以帮助教育机构更好地了解行业的需求，以更好地满足学生的职业发展需求。

（五）多样化

1. 多样化的学习体验

实训课程体系的设计应鼓励多样化的学习体验。学生具有不同的学习风格和能力，因此课程应提供多种教学方法和学习机会，以满足不同学生的需求。这可以包括课堂教学、实验、实地考察、在线学习、项目工作等多种形式，以激发学生的兴趣和积极性。

2. 多样化的评估方式

实训课程体系的设计还应包括多样化的评估方式，以充分评估学生的能力和表现。除了传统的考试和作业，还可以使用实际项目、口头展示、团队合作、实践经验等方式进行评估。这有助于全面了解学生的实际水平，鼓励他们在不同领域展现自己的优势。

3. 多样化的课程内容

实训课程体系的设计还应包括多样化的课程内容，以涵盖不同领域和主题。这可以帮助学生获得更广泛的知识和技能，提高他们的综合素质。多样化的课程内容还可以吸引不同背景和兴趣的学生，增强课程的多样性和包容性。

实训课程体系设计是一个复杂而关键的任务，它需要综合考虑学生需求、行业需求、跨学科整合、反馈循环、可持续性和多样化等多个因素。遵循上述指导原则可以帮助教育者更好地规划和开发实训课程体系，以确保其质量和有效性。通过满足学生的需求、与行业合作伙伴建立稳固的关系、提供多样化的学习体验和评估方式，实训课程体系可以更好地培养学生的实际能力和技能，为他们的职业生涯奠定坚实的基础。因此，实训课程体系的设计是教育领域中至关重要的工作，应该受到高度重视。

二、课程内容的选择与设置原则

课程内容的选择与设置是教育领域中至关重要的一环，它直接影响学生的学习效果和教育质量。在设计和制定课程内容时，需要遵循一系列原则，以确保课程的科学性、实用性和适应性。

（一）需求导向

课程内容的选择与设置首先应该是需求导向的。这意味着需要根据学生的需求、社会需求和职业需求来确定课程的内容。教育的最终目标是培养学生具备特定知识和技能，以满足他们未来的职业和生活需求。因此，课程内容的选择应该以满足这些需求为首要目标。这需要对目标受众的需求进行详细的分析，包括他们的背景、兴趣、能力和职业规划，以便精确地确定课程的内容。

（二）学科均衡

在设置课程内容时，需要保持学科均衡，确保学生获得多学科的知识和技能。学科均衡有助于学生全面发展，不仅仅局限于某一领域。课程应该包括自然科学、社会科学、人文科学等不同领域的内容，以便学生能够获得广泛的教育背景。这有助于培养跨学科思维和解决复杂问题的能力。

（三）内容更新

教育领域的知识和技能在不断发展和变化，因此课程内容需要不断更新和调整，以跟上时代的潮流。教育机构应该与行业专家、学术界和企业界保持联系，了解最新的发展趋势和需求，及时调整课程内容。这可以通过定期的课程评估和反馈机制来实现，以确保课程内容的时效性和实用性。

（四）本土化

课程内容的选择与设置应该考虑到本土文化和社会特点。不同地区有不同的历史、文化和社会背景，因此课程内容需要根据不同地方的特点进行本土化。这有助于学生更好地理解和应用所学知识，同时也有助于保护和传承本土文化。

（五）综合性

综合性是指课程内容应该涵盖各种不同类型的知识和技能。课程不仅应该关注理论知识，还应该包括实践技能、创新能力、沟通能力等多个方面。这有助于学生的综合发展，提高他们在不同领域的竞争力。

（六）关联性

课程内容应该具有内在的关联性，以便学生能够更好地理解和应用所学知识。相关的知识和技能可以相互补充和加强，使学习更具连贯性和系统性。这有助于学生建立更深刻的理解和更广泛的知识结构。

（七）多样性

多样性是指课程内容应该多样化，满足不同学生的需求和兴趣。不同学生有不同的学习方式和兴趣爱好，因此课程内容应该灵活多样，以满足这些差异化的需求。这可以通过提供不同难度级别的内容、不同类型的任务和活动来实现。

（八）实践性

课程内容应该具有实践性，使学生能够将所学知识和技能应用到实际问题中。实践性的内容可以帮助学生更好地理解和掌握知识，同时也有助于培养解决问题的能力。这可以通过实验、实习、案例分析等方式来实现。

（九）可持续性

可持续性是指课程内容应该具有长期的教育价值，不仅仅是短期的应试教育。课程应该培养学生终身学习的能力，使他们能够不断适应社会和职业发展的变化。这需要课程内容具有广泛的适用性和深远的影响。

（十）评估与反馈

课程内容的选择与设置需要建立有效的评估和反馈机制，以监测学生的学习进展和课程的质量。评估可以帮助识别学生的弱点和需求，反馈可以用来调整课程内容和教学方法。这有助于不断改进课程，提高教育质量。

课程内容的选择与设置是教育工作中至关重要的一环，它直接关系到学生的学习效果和教育质量。在选择和设置课程内容时，需要遵循一系列原则，包括需求导向、学科均衡、内容更新、本土化、综合性、关联性、多样性、实践性、可持续性和评估与反馈。这些原则有助于确保课程内容的科学性、实用性和适应性，以满足学生的需求和社会的需求。

第二节 课程内容的选择与设置

一、实训课程的种类与分类

实训课程是教育领域中的一种重要教育形式,它通过实际操作和实践活动来培养学生的实际技能和职业能力。实训课程通常与理论课程相结合,为学生提供实际应用知识的机会。

(一)实训课程的种类

实训课程可以分为多种不同的类型,根据其教育目标、内容和方法进行分类。以下是一些常见的实训课程类型:

职业技能培训课程:这些课程旨在为学生提供特定职业领域的技能和知识,例如焊接、电工、美容、厨师等职业领域的实训课程。这些课程通常涉及实际的技能操作和实践活动,以便学生能够掌握相关技能。

实验课程:实验课程通常在科学和工程领域中广泛使用。学生在实验室中进行实际实验,以验证理论知识和学术原理。实验课程有助于学生更好地理解和应用科学知识。

制造和工程课程:这些课程旨在培养学生的制造和工程技能。学生可能会参与制造产品、设计机械部件、进行工程计划等实际项目。这有助于他们获得实际工程经验。

临床实习课程:医学和护理领域的学生通常需要参与临床实习课程,以在实际医疗环境中获得经验。这些课程涉及与患者互动、诊断和治疗等活动,以培养医疗专业人员的能力。

艺术和创意课程:这些课程涉及绘画、音乐、表演等艺术和创意活动。学生通过实际创作来培养他们的艺术技能和创造力。

体育训练课程：体育训练课程旨在培养学生的体育技能和运动训练知识。学生可能会参与运动比赛、教练运动队或进行体育医疗救护。

计算机和信息技术课程：这些课程涉及计算机编程、网络管理、数据库管理等领域的实训活动。学生通过实际编程和系统管理来提高他们的计算机技能。

企业和管理课程：企业和管理实训课程旨在培养学生的商业技能和管理能力。学生可能会参与模拟企业经营、项目管理或市场营销等实践活动。

社会服务和心理健康课程：这些课程旨在培养学生的社会工作和心理健康服务技能。学生可能会参与社会工作实践、心理咨询或社会服务项目。

实验教育课程：实验教育课程旨在鼓励学生主动探索和学习。学生通过设计和进行科学实验、历史考察、地理勘察等活动来培养独立思考和解决问题的能力。

跨学科实训课程：这些课程融合了不同学科的知识和技能，鼓励学生综合思考和跨领域合作。例如，环境科学实训课程可能涉及生态学、地质学、化学等多个学科的内容。

职业发展和就业技能课程：这些课程旨在帮助学生提高求职技能、面试技巧、职业规划等方面的能力，以促进他们成功就业。

以上列举的实训课程类型仅为一些常见的示例，实际上，实训课程的类型多种多样，根据不同学科领域和教育目标，可以有不同的细分。

（二）实训课程的分类

实训课程可以根据不同的分类标准进行细分。以下是一些常见的分类标准：

1. 教育级别

高中实训课程：面向高中生，旨在培养他们的基本职业技能。

大学实训课程：面向大学生，通常涉及更高级别的专业知识和技能。

职业培训课程：通常面向成年人，旨在提高他们在特定职业领域的就业能力。

终身学习课程：为职场人员和成年人提供机会，不断更新和提升他们的技能。

2. 教育方法

实验课程：通过科学实验和实验室操作来培养学生的实验和研究技能。

临床实习课程：医学和护理领域的实际医疗实践和临床经验。

制造和工程课程：涉及到制造产品、设计机械部件、进行工程计划等实际项目。

艺术和创意课程：通过实际创作来培养艺术技能和创造力。

体育训练课程：培养体育教练和运动员的技能和知识。

计算机和信息技术课程：涉及计算机编程、网络管理、数据库管理等领域的实际操作。

企业和管理课程：通过模拟企业经营、项目管理等活动来培养商业和管理技能。

社会服务和心理健康课程：培养社会工作和心理健康服务技能，包括实际服务和咨询活动。

3. 目标受众

学生：针对学生的实训课程，旨在提高他们在学术、职业和职场方面的能力。

成年人：为职场人员和成年人提供实训课程，帮助他们提升职业技能和就业机会。

职业转换者：面向已有职业经验但希望转行的个人，以获取新的技能和知识。

职业发展者：为职业人员提供的终身学习机会，以不断提高他们的职业水平。

综上所述，实训课程是教育体系中不可或缺的一部分，它为学生提供了实际操作和实践经验的机会，培养了他们的实际技能和职业能力。实训课程的种类和分类多种多样，可以根据不同的教育目标、领域和方法进行细分。了解不同类型的实训课程可以帮助教育工作者和学生更好地选择适合自己需求的实训项目，以提高教育质量和促进个人职业发展。

二、跨学科课程的设计与实施

跨学科课程是一种教育方法，旨在整合不同学科领域的知识和技能，以提供全面的学习体验。这种课程设计能够帮助学生建立更全面的知识结构，培养跨学科思维和解决问题的能力。

（一）跨学科课程的定义

跨学科课程是指将不同学科领域的知识和技能融合在一起，以解决复杂的问题或主题。这种课程设计旨在打破传统学科界限，鼓励学生将各种学科的知识和技能应用到一个共同的问题或主题中。跨学科课程通常强调跨学科思维、创新性和实际问题解决能力的培养。

跨学科课程的设计要点包括：

选择一个具有跨学科意义的主题或问题，能够涵盖多个学科领域的知识和技能。

整合不同学科领域的教育内容，以确保学生能够形成综合的知识体系。

创造学习机会，鼓励学生进行跨学科思考和合作，以解决复杂问题。

提供实际应用和实践活动，以帮助学生将所学知识应用到实际问题中。

进行跨学科评估，以评估学生的综合能力和学习成果。

（二）跨学科课程的设计步骤

跨学科课程的设计是一个复杂的过程，需要仔细的规划和准备。以下是设计跨学科课程的一般步骤：

确定目标和主题：首先，教育工作者需要确定课程的目标和主题。这可以是一个重要的社会问题、全球挑战、历史事件、文化现象等。主题应该能够涵盖多个学科领域,以激发学生的兴趣和好奇心。

选择学科领域:确定与主题相关的学科领域。这些学科领域应该能够提供关于主题的不同角度和知识,以便学生能够获得全面的理解。

整合教育内容:整合不同学科领域的教育内容,以创建一个综合的教育计划。教育内容可以包括教材、教学活动、实验、案例研究等。

制定教学计划:设计教学计划,包括每个学科领域的学习目标、教学方法、评估方法和时间表。教学计划应该能够确保学生能够全面理解主题,并将不同学科的知识和技能整合在一起。

创造学习机会:设计各种学习机会,鼓励学生进行跨学科思考和合作。这可以包括小组项目、讨论、实践活动、实验、现场考察等。

提供实际应用:为学生提供将所学知识应用到实际问题中的机会。这可以包括解决实际问题、参与社区服务项目、进行研究等。

进行跨学科评估:设计评估方法,以评估学生的综合能力和学习成果。评估可以包括考试、项目评估、口头报告、作品展示等。

进行课程改进:根据学生的反馈和评估结果,不断改进课程设计和教学方法,以提高教育质量。

(三)跨学科课程的实施

实施跨学科课程需要教育工作者和学校领导的积极参与和支持。以下是实施跨学科课程的一些关键要点:

教育工作者培训:教育工作者需要接受培训,以了解跨学科教育的原则和方法。这可以通过专业发展活动、研讨会和培训课程来实现。

资源分配:学校需要为跨学科课程提供足够的资源,包括教材、设备、实验室、图书馆资源等。

跨学科合作:鼓励不同学科领域的教育工作者合作,共同设计和实施跨学科课程。跨学科团队合作有助于提供全面的教育体验。

学生支持：为学生提供支持，包括指导、咨询、实验室助手等。学校可以设立跨学科课程学习中心，为学生提供额外的支持。

评估和反馈：定期进行课程评估，以了解学生的学习进展和课程质量。学校可以通过学生反馈、教师评估和学习成果数据来调整和改进课程设计和实施。

社区参与：鼓励学校与社区合作伙伴合作，为学生提供实际应用和实践机会。社区合作可以丰富课程内容，提供实际问题解决的机会。

持续改进：跨学科课程的实施应该是一个持续不断的过程。学校和教育工作者应该不断改进课程设计和教学方法，以提高教育质量和学生成果。

（四）跨学科课程的优点

跨学科课程的设计和实施具有许多优点，包括：

提高综合学习：学生通过跨学科课程能够获得多个学科领域的知识和技能，建立更全面的知识结构。

培养综合思维：跨学科课程鼓励学生跨学科思考和解决问题，培养创新性和跨学科思维能力。

提高实际问题解决能力：通过实际应用和实践活动，学生能够将所学知识应用到实际问题中，提高实际问题解决能力。

提高学生的兴趣：跨学科课程通常涵盖多个学科领域，激发学生的兴趣和好奇心，提高学习动力。

增加学生的就业竞争力：跨学科教育培养学生的综合能力，使他们更具竞争力，能够适应多样化的职业和社会需求。

促进学科之间的合作：跨学科课程鼓励不同学科领域的教育工作者合作，促进学科之间的交流和合作。

增加教育的灵活性：跨学科课程设计可以根据不同学校、学生群体和需求进行调整，提高教育的灵活性。

（五）跨学科课程的挑战

尽管跨学科课程具有许多优点，但也面临一些挑战，包括：

教育资源限制：跨学科课程可能需要更多的教育资源，包括时间、人力、资金和设备。学校需要充分投入，以支持这种类型的教育。

教育工作者培训：教育工作者需要接受跨学科教育的培训，以了解设计和实施这种类型课程的方法和原则。

评估和评估问题：跨学科课程的评估和评估可能更复杂，需要开发新的评估方法和工具。

学生多样性：学生的学科背景和水平可能有很大的差异，需要个性化教学方法和支持。

课程整合问题：整合不同学科领域的内容可能会面临困难，需要确保教育内容的流畅和一致。

评估挑战：学校需要开发有效的评估方法，以确保学生获得了综合的知识和技能。

教育政策和认可问题：跨学科课程可能受到教育政策和认可的限制，学校需要了解相关政策和规定。

第三节　实训课程与课堂教学的融合

一、实训课程与理论课程的整合

实训课程和理论课程的整合是一种教育方法，旨在将理论知识与实际实践相结合，以提供学生更全面、深入和有意义的学习经验。这种整合有助于培养学生的实际技能、职业准备和解决问题的能力。

(一)实训课程与理论课程的定义

实训课程通常侧重于教授学生特定的实际技能和应用知识,以使他们能够在特定职业领域或行业中胜任。这些课程通常涉及实际操作、实验、模拟场景、实际项目等活动,旨在让学生亲身体验和实践所学知识。

理论课程则强调学生的学科知识、概念和理论。这些课程通常涉及书本、讲座、研究论文、课堂讨论等,目的是为学生提供深入的学科基础和理论背景。

实训课程与理论课程的整合是将这两种类型的教育方法结合在一起,以提供更全面的学习体验。整合可以采取多种形式,包括将实际操作和实验纳入理论课程、将理论知识应用到实际项目中,或者通过跨学科合作将不同学科领域的知识整合在一起。

(二)整合的优点

实训课程与理论课程的整合具有许多优点,包括:

综合学习:整合可以帮助学生将理论知识与实际实践相结合,建立更全面的知识体系。

提高记忆和理解:实际操作和实践活动有助于学生更好地记住和理解所学的理论知识,因为他们可以将其应用到实际情境中。

培养实际技能:整合可以帮助学生获得实际的职业技能,使他们更容易在职业领域中找到工作并胜任工作。

提高问题解决能力:学生通过整合的学习方法可以培养解决实际问题的能力,因为他们已经在实践中学会了如何应对挑战。

增加学习动力:学生通常更愿意学习与实际问题和应用相关的内容,因此整合可以提高学习动力。

促进跨学科思维:整合可以鼓励学生跨学科思考和合作,因为他们需要将不同学科领域的知识整合在一起。

准备职业生涯:整合可以为学生提供更好的职业准备,因为他们已经在实际情境中获得了相关经验。

提高教育质量：整合可以提高教育质量，因为它为学生提供了更全面的学习经验。

（三）整合的设计与实施

实训课程与理论课程的整合需要精心设计和有效实施。以下是一些关键要点，用于设计和实施这种整合教育：

确定整合目标：首先，确定整合的教育目标。这些目标应该明确阐明整合的目的和期望的学习成果。

选择合适的内容：选择适合整合的实训课程和理论课程内容。内容应该与整合目标相关，并能够提供综合的学习体验。

教学计划设计：设计整合的教学计划，明确说明每个课程的学习目标、教学方法和评估方法。确保整合的内容可以有机结合在一起，以提供有意义的学习经验。

教师培训：教育工作者需要接受培训，以了解如何设计和实施整合教育。培训可以包括专业发展活动、研讨会。

学生支持：为学生提供支持，确保他们可以充分参与整合的学习活动。

实践和应用：鼓励学生将理论知识应用到实际项目和实践中。这可以包括模拟案例研究、实际项目、实验等。

跨学科合作：整合可以涉及不同学科领域的知识和技能，因此鼓励跨学科合作是非常重要的。确保教育工作者和学生能够跨学科合作，共同实现整合的目标。

评估和反馈：设计评估方法，以评估学生的学习成果和整合的效果。收集学生的反馈意见，以了解他们对整合教育的看法和建议。根据评估结果和反馈信息，不断改进整合的教学方法和内容。

管理和资源：确保有足够的教育资源，包括教材、设备、实验室、技术支持等，以支持整合教育的实施。

持续改进：整合教育是一个不断改进的过程。学校和教育工作者应该定期审查和改进整合的教学计划，以提高教育质量和学生成果。

综上所述，实训课程与理论课程的整合是一种强有力的教育方法，它为学生提供了更全面的学习经验，提高了他们的综合能力和职业准备。克服挑战，有效地设计和实施整合教育可以提高教育质量，并为学生的未来职业和社会参与做好准备。

二、融合模式的实施与效果

融合模式是一种教育方法，旨在整合不同教育资源和技术工具，以提供学生更全面、多样化和有意义的学习体验。这种模式通常包括传统课堂教学、在线学习、实践活动、社交互动等多种元素，以满足学生不同的学习需求和学科背景。

（一）融合模式的定义

融合模式是一种教育方法，通过整合不同的学习资源和工具，以提供更多元化和丰富的学习体验。这种模式通常结合了传统面对面课堂教学、在线学习、实践活动、社交互动、自主学习等多种元素，以满足不同学生的学习需求。

融合模式的关键特点包括：

多元化的学习资源：融合模式整合了不同类型的学习资源，包括传统教材、数字教材、多媒体资源、在线课程、实践项目等。

多样化的学习活动：融合模式包括不同类型的学习活动，如面对面教学、小组讨论、在线互动、实践项目、实验等。

个性化学习：融合模式鼓励个性化学习，允许学生根据自己的学习风格和速度选择适合的学习路径。

社交互动：融合模式强调学生之间的社交互动，促进合作和讨论，以促进共同学习和知识共享。

教育技术的应用：融合模式使用教育技术工具，如学习管理系统（LMS）、在线教育平台、虚拟现实、在线协作工具等，以支持学生的学习和教育过程。

（二）融合模式的实施

融合模式的实施需要仔细的规划和准备。以下是一些关键要点，用于设计和实施融合教育：

目标设定：首先，明确融合模式的教育目标。这些目标应该与学校或课程的整体教育目标一致，并明确说明所期望的学习成果。

选择学习资源：选择适合融合模式的学习资源，包括教材、数字教材、多媒体资源、在线课程等。确保这些资源能够满足学生的学习需求。

设计学习活动：设计多样化的学习活动，以满足不同学习风格和需求。这可以包括面对面教学、小组讨论、实践项目、在线互动、实验等。

教育技术的应用：选择合适的教育技术工具，以支持融合模式的实施。这可以包括学习管理系统、在线教育平台、虚拟现实、在线协作工具等。

教育工作者培训：教育工作者需要接受培训，以了解如何设计和实施融合教育。培训可以包括专业发展活动、研讨会和研讨会。

学生支持：为学生提供支持，包括指导、辅导、技术支持等。确保他们能够充分参与融合的学习活动。

评估和反馈：设计评估方法，以评估学生的学习成果和融合模式的效果。收集学生的反馈意见，以了解他们的学习体验和需求。

持续改进：融合模式的实施应该是一个持续改进的过程。学校和教育工作者应该不断审查和改进教学计划，以提高教育质量和学生成果。

（三）融合模式的效果

融合模式的实施可以产生多方面的效果，包括：

提高学习成绩：融合模式可以帮助学生更好地理解和掌握学科知识，

从而提高他们的学习成绩。

增加学习动力：多样化的学习资源和活动可以提高学生的学习动力，因为他们可以根据自己的学习需求选择适合的学习路径。

促进个性化学习：融合模式鼓励个性化学习，使学生能够根据自己的兴趣和需求进行学习，从而更好地满足他们的学习目标。

提高问题解决能力：多样化的学习活动可以培养学生的问题解决能力和创新思维，因为他们需要在不同的学习环境中应对挑战和解决问题。

增加社交互动：融合模式强调学生之间的社交互动，促进合作和讨论。这有助于学生共同学习和知识共享。

提高教育质量：融合模式可以提高教育质量，因为它为学生提供了更全面和多样化的学习体验。

准备职业生涯：融合模式培养学生的综合能力，使他们更容易适应职业领域的挑战和变化。

提高教育资源的效益：融合模式可以更有效地利用教育资源，包括教育设施、教材、技术工具等，以满足学生的不同需求。

增加教育的灵活性：融合模式增加了教育的灵活性，使学校能够更好地适应不同学生群体和需求。

提高教育的可及性：融合模式可以提高教育的可及性，因为它允许学生在不同的地点和时间进行学习，从而更好地满足他们的需求。

融合模式的实施需要认真的计划和管理，以确保学生能够充分参与和受益。评估和反馈是重要的，以了解融合模式的效果，并不断改进教育质量。

（四）挑战与解决方案

融合模式的实施虽然有许多优点，但也面临一些挑战，需要克服。以下是一些常见的挑战和可能的解决方案：

技术和资源限制：融合模式可能需要投入大量的教育技术和资源，包括计算机设备、互联网连接、教育软件等。解决方案包括提供必要的资源，争取外部资金，提供技术支持等。

教育工作者培训：教育工作者可能需要接受培训，以了解如何设计和实施融合教育。学校可以提供专门的培训计划，以提高教育工作者的能力。

学生支持：融合模式需要为学生提供支持，包括指导、辅导、技术支持等。学校可以设立学生支持中心，以满足学生的需求。

评估和评估问题：融合模式的评估和评估可能更复杂，因为它涉及不同类型的学习活动。学校可以开发新的评估方法和工具，以评估学生的学习成果和融合模式的效果。

教育政策和认可问题：融合模式可能受到教育政策和认可的限制，学校需要了解相关政策和规定，以确保合规性。

学习管理和监督：融合模式需要有效的学习管理和监督，以确保学生的学习进展和质量。学校可以建立学习管理系统和监督机制，以提供支持和监督。

综上所述，融合模式是一种强有力的教育方法，可以提供更多元化、个性化和有意义的学习体验。克服挑战，有效地设计和实施融合模式可以提高教育质量，并更好地满足学生的学习需求和未来的职业准备。

第四节　实训课程与实际岗位需求的对接

一、实际岗位需求的了解与分析

随着社会和经济的不断发展，不同行业和领域的岗位需求也在不断变化。了解和分析实际岗位需求对于个人的职业规划和教育机构的课程设计都至关重要。

（一）实际岗位需求的重要性

了解和分析实际岗位需求具有以下重要性：

提高就业机会：了解实际岗位需求可以帮助个人更好地选择适合自己技能和兴趣的职业领域，从而提高就业机会。

提高职业满意度：选择与自己的技能和兴趣相匹配的职业可以提高职业满意度，减少工作压力和不满。

帮助教育机构课程设计：教育机构可以根据实际岗位需求调整和改进课程设计，以更好地满足学生的职业需求。

促进经济增长：了解实际岗位需求有助于促进经济增长，因为它可以确保劳动力市场和产业部门之间的匹配度。

提高劳动力市场的效率：了解实际岗位需求可以帮助劳动力市场更加高效地分配资源，减少招聘难度和匹配问题。

降低教育和职业培训的浪费：了解实际岗位需求可以避免过多投入不适合职业需求的教育和培训资源，降低浪费。

（二）实际岗位需求的了解方法

了解实际岗位需求的方法包括：

市场调研：通过市场调研，了解不同行业和领域的就业趋势、薪资水平、人才需求等信息。

招聘广告和职位描述：分析招聘广告和职位描述可以了解雇主对于招聘的具体要求和期望。

行业协会和专业组织：与行业协会和专业组织合作，以了解行业内的发展趋势和需求。

面谈和访谈：与在特定行业或领域工作的专业人士进行面谈和访谈，以了解他们的职业经验和需求。

实习和实践经验：通过实习和实践经验，学习在特定领域工作所需的技能和知识。

调查和数据分析：通过进行调查和数据分析，了解特定行业或领域的就业趋势和需求。

职业规划服务：利用职业规划服务和咨询，获得关于不同职业领域的信息和建议。

媒体和新闻报道：关注媒体和新闻报道，了解当前热门职业领域和发展趋势。

（三）实际岗位需求的分析方法

分析实际岗位需求是了解之后的下一步，它有助于更深入地理解职业领域的要求和特点。分析方法包括：

技能分析：确定不同职业领域所需的关键技能和知识。这包括硬技能（如专业知识和技能）和软技能（如沟通能力、领导能力等）。

教育和培训需求：分析不同职业领域的教育和培训需求，确定学历要求、专业认证、培训课程等。

经验和实践要求：确定不同职业领域所需的工作经验和实践要求，包括实习、实践项目、志愿工作等。

薪资和福利水平：了解不同职业领域的薪资水平和福利待遇，以帮助个人进行薪资谈判和就业选择。

就业趋势和增长机会：分析不同职业领域的就业趋势和增长机会，了解哪些职业领域更有前景。

职业发展路径：了解不同职业领域的职业发展路径，包括升职机会、晋升路径、行业转型等。

地理位置和行业分布：分析不同地理位置和行业领域的就业机会，确定哪些地方或行业更适合个人的职业目标。

需求变化和趋势：了解不同职业领域需求的变化和趋势，包括新兴职业领域和技术创新。

（四）实际岗位需求的应用

了解和分析实际岗位需求的信息对于个人和教育机构都有广泛的应用，包括：

个人职业规划：个人可以利用实际岗位需求的信息来做出更明智的职业选择。他们可以根据自己的技能、兴趣和职业目标，选择适合的职业领域，并为之制定职业规划。

教育机构课程设计：教育机构可以根据实际岗位需求的信息来调整和改进课程设计。他们可以确保课程内容和教学方法与职业领域的要求和趋势相匹配，以提高学生的就业机会。

就业服务和咨询：就业服务和咨询机构可以利用实际岗位需求的信息，为求职者提供更好的就业指导和支持。他们可以根据求职者的技能和目标，提供有针对性的职业建议。

企业招聘和培训：企业可以利用实际岗位需求的信息来制定招聘计划和培训计划。他们可以确保招聘和培训与公司的业务需求和发展计划相一致。

职业导师和教育顾问：职业导师和教育顾问可以根据实际岗位需求的信息，为学生和求职者提供职业建议和规划。他们可以帮助个人更好地了解职业领域的要求和机会。

教育研究和政策评估：教育研究机构可以利用实际岗位需求的信息来进行教育政策评估和研究。这可以帮助他们了解教育系统的有效性和质量。

总之，了解和分析实际岗位需求是关键的，它可以帮助个人做出明智的职业选择，支持教育机构的课程设计，促进经济增长，提高劳动力市场的效率，支持企业的招聘和培训决策，为职业导师和教育顾问提供指导，以及进行教育研究和政策评估。实际岗位需求的了解与分析应成为一个综合性的、持续性的过程，以满足不断变化的职业市场需求。

二、课程内容与职业要求的匹配

随着社会和经济的不断发展,职业领域的需求和要求也在不断演变。为了帮助学生更好地适应职业市场的挑战,教育机构需要确保他们的课程内容与职业要求相匹配。

(一) 课程内容与职业要求的重要性

课程内容与职业要求的匹配对于学生、教育机构和雇主都具有重要性。

提高学生就业机会:当课程内容与职业要求匹配时,学生将获得与实际职业领域相关的知识和技能,从而提高他们在就业市场上的竞争力。

增加职业满意度:当学生在课程中获得与职业相关的知识和技能时,他们更有可能在职业生涯中获得成功。

提高教育质量:教育机构可以通过确保课程内容与职业要求相匹配,提高教育质量,提供更实用的教育。

减少职业适应期:当学生在课程中获得了与职业要求匹配的知识和技能时,他们更容易适应工作环境,减少了职业适应期。

提高雇主满意度:雇主更愿意雇佣那些具备与职业相关知识和技能的员工,因为他们能够更快速地胜任工作。

促进经济增长:通过确保课程内容与职业要求相匹配,教育机构可以培养出更多与市场需求相符的人才,从而促进经济增长。

降低教育资源浪费:当课程内容与职业要求不匹配时,学生可能会浪费时间和资源在不相关的课程上,而这些资源本可以用于更有价值的教育。

(二) 了解职业要求

了解职业要求是确保课程内容与之匹配的第一步。这可以通过以下方法来实现:

市场调研:了解特定职业领域的市场趋势和要求,包括技能、知识和经验。

职业导师和专业人士：与在特定职业领域工作的专业人士进行访谈和咨询，以了解他们的职业经验和需求。

行业协会和专业组织：参与行业协会和专业组织，以获取有关职业要求和认证的信息。

就业广告和职位描述：分析招聘广告和职位描述，了解雇主对招聘人员的要求。

实习和实践经验：通过实习和实践经验，学习在特定职业领域工作所需的技能和知识。

调查和数据分析：利用市场调查和数据分析，了解特定职业领域的就业趋势和需求。

职业规划服务：利用职业规划服务和咨询，获得关于不同职业领域的信息和建议。

了解职业要求的过程需要广泛的研究和数据收集，以确保获得全面的信息。

（三）课程内容与职业要求的匹配方法

一旦了解了职业要求，教育机构可以采取以下方法来确保课程内容与之匹配：

课程设计：重新设计或更新课程，以确保它包含与特定职业领域相关的内容。这可能涉及添加新的模块、课程或实践活动。

教学方法：改进教学方法，以更好地满足学生的职业需求。这可以包括更多的实践活动、案例研究、团队项目等。

教育技术的应用：利用教育技术工具，如在线课程、虚拟实验室、模拟项目等，来支持课程内容与职业要求的匹配。

职业咨询和指导：为学生提供职业咨询和指导，以帮助他们更好地了解职业要求和选择适合的职业道路。

实习和实践经验：提供实习和实践经验，使学生有机会应用他们在课堂上学到的知识和技能。

职业认证：与职业领域的认证机构合作，以确保课程内容满足职业要求。

学科交叉：鼓励学科交叉，使学生能够在不同学科领域获取相关知识和技能。

持续评估和反馈：定期评估课程内容与职业要求的匹配，以确保它们保持同步。收集学生、教师和行业专家的反馈，以不断改进课程内容。

跨学科合作：促进跨学科合作，使不同学科领域的知识和技能能够交流和整合，以更好地满足职业要求。

培训和发展教育工作者：确保教育工作者具备与职业要求相匹配的知识和技能，通过专业发展和培训提高他们的教育水平。

学生评估：使用多种评估方法，以了解学生是否掌握了与职业要求相关的知识和技能。

课程内容与职业要求的匹配对于学生、教育机构和雇主来说都至关重要。这种匹配有助于提高学生的就业机会、职业满意度和教育质量，促进经济增长，减少资源浪费，提高雇主满意度。为了实现这种匹配，需要通过与行业合作、持续市场调研、学生反馈、教育工作者培训和资源投入等手段，不断改进和调整课程内容。最终，课程内容与职业要求的匹配可以为学生提供更好的职业机会，为教育机构提供更好的声誉，为雇主提供更有价值的员工，为社会和经济的发展做出贡献。因此，这一匹配的重要性不容忽视，需要得到广泛的关注和实施。

第五节　跨学科实训课程的设计与实施

一、跨学科合作的重要性与机会

跨学科合作是一种协同性质的工作方式，它将来自不同学科领域的知识和专业技能融合在一起，以解决复杂的问题、推动创新和促进科学进步。本节将探讨跨学科合作的重要性和机会，以及它的积极影响。

（一）跨学科合作的重要性

综合思考和创新：跨学科合作鼓励不同领域的专家共同思考和工作，从而促进了综合思考和跨领域创新。通过将不同背景的知识融合在一起，可以产生新的观点和解决方案，这对于解决复杂的问题至关重要。

解决复杂问题：许多现实世界的问题都不仅仅属于单一学科领域。例如，气候变化、健康卫生、能源可持续性等问题需要跨学科的方法来全面理解和解决。跨学科合作可以帮助我们更好地理解这些复杂问题，制定更有效的政策和战略。

促进跨领域交流：跨学科合作促进了不同领域之间的交流和合作。这有助于减少学科间的壁垒，加强知识传播和共享，有助于推动科学进步。

提高问题解决的效率：跨学科合作可以节省时间和资源，因为不同领域的专家可以共同解决问题，避免了重复努力和资源浪费。这有助于提高问题解决的效率。

提高研究质量：跨学科合作有助于确保研究的全面性和准确性。多个专业背景的专家可以相互审查和补充研究方法和结果，从而提高研究的质量。

（二）跨学科合作的机会

跨学科研究项目：各大学和研究机构鼓励跨学科研究项目，为研究人

第四章 高职院校虚拟仿真实训课程体系建设

员提供资金和资源来共同解决复杂问题。这些项目提供了研究机会，同时也有机会获得更多的研究资金和合作伙伴。

跨学科学位课程：越来越多的学校提供跨学科学位课程，允许学生获得不同领域的知识和技能。这种学位课程为学生提供了广泛的知识基础，使他们更具竞争力，可以在多个领域找到工作。

科研中心和实验室：一些大学和研究机构建立了跨学科的科研中心和实验室，为不同领域的专家提供合作的平台。这些中心可以促进创新和知识共享。

跨学科会议和研讨会：跨学科会议和研讨会提供了专家互相交流和合作的机会。这些活动通常涵盖多个领域，促进了跨学科合作的发展。

跨学科期刊和出版物：跨学科期刊和出版物为研究人员提供了分享他们的工作的机会。这些出版物通常吸引来自不同领域的读者，有助于推广跨学科研究。

跨学科研究奖励和荣誉：一些机构和组织设立了跨学科研究奖励和荣誉，以表彰在不同领域中取得杰出成就的个人和团队。这些奖励可以激励更多的人参与跨学科研究。

(三) 跨学科合作的社会影响

解决全球性挑战：跨学科合作有助于解决全球性挑战，如气候变化、传染病暴发和粮食危机。通过整合不同领域的知识和资源，社会可以更有效地应对这些挑战。

改善卫生保健：医学、生物学、工程学和信息技术的跨学科合作可以改善卫生保健，加速新药开发和医疗技术的进步。

推动可持续发展：跨学科研究可以帮助制定可持续发展策略，从而在保护环境、促进经济增长和改善社会公平方面取得进展。例如，能源政策的制定需要融合工程、经济学、社会科学和环境科学的知识。

促进社会和义化理解：跨学科合作有助于促进不同文化之间的理解。

社会科学、人文学科和人权研究等领域的交叉研究可以帮助解决跨文化问题。

提高教育质量：跨学科教育可以提高教育质量，使学生获得更广泛的知识和技能。这有助于培养有创造力、综合思考和解决问题能力的学生，他们可以在未来的职业中更好地适应变化和挑战。

（四）跨学科合作的科学影响

推动科学进步：跨学科合作有助于推动科学进步，因为它能够加速知识的发现和理解。不同领域的专家可以共同开展研究，从而更全面地理解复杂问题。

促进交叉创新：跨学科合作鼓励了交叉创新，通过将不同领域的知识和技术结合起来，创造了新的产品和解决方案。这对于科技行业和创新驱动经济至关重要。

解决科学难题：一些科学难题需要不同领域的专家一起合作才能解决。例如，脑科学、计算机科学和工程学的跨学科研究可以帮助我们更好地理解大脑和开发智能计算系统。

（五）跨学科合作的教育影响

提供全面的教育：跨学科教育可以帮助学生获得全面的教育，使他们能够在不同领域找到工作，并在日常生活中更好地应对复杂问题。

培养综合思考能力：跨学科教育培养了学生的综合思考能力，使他们能够看到问题的多个方面，并提出创新的解决方案。

提高学生的就业机会：具有跨学科背景的学生通常更具竞争力，因为他们可以在不同领域找到工作，适应不断变化的职业需求。

鼓励跨学科研究：跨学科教育可以激励学生参与跨学科研究，从而促进科学进步和创新。

（六）跨学科合作的挑战和解决方案

尽管跨学科合作带来了许多重要的机会和好处，但也存在一些挑战：

学科间沟通障碍：不同学科领域的专家可能使用不同的术语和方法，导致沟通障碍。解决方案是建立共同的术语和交流渠道，以促进有效的沟通。

资源分配问题：跨学科合作可能需要更多的时间和资源，因为它涉及多个领域的专家。解决方案是确保合适的资源分配，并制定明确的合作计划。

领导和管理问题：跨学科团队可能需要不同的领导和管理方法，以有效协调不同领域的专家。解决方案是培养跨学科领导和提供相关的管理培训。

知识产权问题：知识产权问题可能会在跨学科合作中引发争议，特别是涉及商业合作的情况。解决方案是在项目开始时明确知识产权和合作协议，确保所有参与方都了解和同意知识产权分配。

团队合作技能：跨学科合作需要团队合作技能，包括协作、冲突解决和沟通。解决方案是提供团队合作培训和支持，以帮助团队有效协作。

总的来说，跨学科合作具有巨大的潜力，可以推动科学进步、创新和社会发展。尽管存在一些挑战，但通过有效的沟通、资源分配和管理，可以克服这些挑战，实现更广泛的跨学科合作。跨学科合作不仅可以改善我们的社会、科学、教育和产业，还可以为解决一些最紧迫的全球问题提供解决方案。因此，鼓励和支持跨学科合作是一个重要的目标，可以为我们的未来带来更多的希望和机会。

二、跨学科实训课程的设计方法

跨学科实训课程是一种以跨学科的方式，将多个学科领域的知识与技能融合在一起，以解决复杂的现实问题或挑战的教育方法。这种课程设计旨在培养学生的跨学科思维能力、综合应用能力和团队合作能力，使他们能够更好地适应未来社会和职业的需求。

(一) 课程目标设定

1. 明确课程目标

跨学科实训课程的设计首先要明确课程的目标,这些目标应该明确反映出课程的跨学科性质。目标应该包括知识、技能和态度方面的要求,以确保学生在多个学科领域都能够获得综合性的培养。

2. 确定学科间的联系

在设定课程目标时,需要明确不同学科领域之间的联系和互补性。通过分析不同学科领域的知识和技能,确定它们之间的交叉点,并将这些交叉点纳入课程目标中。这有助于确保课程的跨学科性得到充分体现。

3. 引导学生解决实际问题

跨学科实训课程的一个主要目标是培养学生解决实际问题的能力。因此,课程目标应包括具体的实际问题或挑战,以便学生能够在课程中应用他们所学的知识和技能来解决这些问题。

(二) 课程内容选择

1. 融合不同学科领域的内容

在选择课程内容时,应融合不同学科领域的内容,以确保学生能够获取多领域的知识。这可以通过编排课程内容、教材的选择和教学活动的设计来实现。

2. 引入真实案例和项目

为了提高课程的实际性,可以引入真实案例和项目作为教学材料。学生可以通过解决这些案例和项目来应用他们所学的跨学科知识和技能,从而更好地理解和掌握这些知识和技能。

3. 强调跨学科思维

课程内容选择时应强调跨学科思维的培养。这包括鼓励学生将不同学科领域的知识和技能相互关联,以解决复杂的问题。课程内容应设计成能够激发学生的跨学科思考，促使他们跨越学科的界限。

（三）教学策略

1. 采用问题导向的教学

跨学科实训课程通常采用问题导向的教学方法，以激发学生的学习兴趣和主动性。教师可以提出跨学科问题，然后引导学生在多个学科领域寻找答案。这种教学策略有助于培养学生的跨学科思维能力和解决问题的能力。

2. 促进小组合作

小组合作是跨学科实训课程的重要组成部分。通过小组合作，学生可以共同探讨问题、分享不同学科领域的知识和技能，从而更好地实现跨学科整合。教师可以设计小组项目，以促进学生之间的合作和交流。

3. 提供实践机会

跨学科实训课程应该提供学生实践机会，让他们能够在实际问题和项目中应用所学的知识和技能。这可以通过实地考察、实验室实践等方式来实现。实践经验有助于加深学生的理解和记忆，同时也增强了他们的应用能力。

（四）评估方法

1. 多元化的评估方式

跨学科实训课程的评估方法应该是多元化的，包括笔试、口头报告、小组项目、实地考察等不同形式的评估。这可以更全面地反映学生在不同学科领域的知识和技能。

2. 强调实际问题的解决

评估方法应该强调学生对实际问题的解决能力。可以设计案例分析、项目报告和口头答辩等形式的评估，以考察学生如何应用他们所学的跨学科知识和技能来解决实际问题。

3. 反馈和自我评估

教师应该提供及时的反馈，帮助学生改进他们的学习和表现。此外，鼓励学生进行自我评估,让他们能够自主地检查和调整自己的学习进展。这种自我反思和自我评估有助于学生更好地认识自己的学习需求,提高他们的自主学习能力。

(五) 课程管理与资源支持

1. 教师培训与支持

跨学科实训课程的设计需要配备具有跨学科教育经验和知识的教师。教师应接受培训,以了解如何设计和实施跨学科课程,以及如何引导学生跨学科思考。学校或教育机构还可以提供教师资源支持,包括教材、案例库、教学方法等方面的支持。

2. 学生资源支持

学校或教育机构应为学生提供支持,以帮助他们更好地完成跨学科实训课程。这包括学术辅导、实践指导、团队合作培训等。学生资源支持有助于提高学生的学习体验和成绩。

3. 教学设施与技术支持

跨学科实训课程通常需要一定的教学设施和技术支持。学校或教育机构应提供实验室、工作室、计算机设备等必要的资源,以支持实际问题的解决和跨学科整合。此外,技术支持也可以包括在线学习平台和教学工具,以便学生在线协作和学习。

(六) 不断改进

跨学科实训课程的设计不是一次性完成的任务,而是一个不断改进的过程。教育工作者应定期评估课程的效果,收集学生和教师的反馈,然后根据反馈意见进行改进。这可以通过定期的课程评估、教学研讨会和教育研究来实现。

跨学科实训课程的设计是一个复杂而富有挑战性的任务,但它可以为学生提供丰富的学习体验和综合的教育培养。在设计这类课程时,明确课程目标、选择跨学科内容、采用适当的教学策略、多元化的评估方法以及提供必要的资源支持都是至关重要的。通过不断的改进和反思,跨学科实训课程可以更好地满足学生的需求,培养他们的综合应用能力和跨学科思维能力,为他们未来的职业和社会生活奠定坚实的基础。

第六节 评价机制与学分体系的建立

一、课程评价的多样性与方法

课程评价是教育体系中至关重要的一环,它有助于提升教育课程的有效性、学生的学习成果以及教学质量。多样性的课程评价方法是确保评价过程全面、客观和有用的关键因素。

(一) 评价方法的多样性

1. 传统评价方法

传统的评价方法包括笔试、口试和论文写作等形式。这些方法通常用于测试学生对特定主题或学科领域的理解和记忆,以及他们的分析和推理能力。传统评价方法的优点是相对简单,易于管理和分数化。然而,它们可能无法全面评估学生的学习成果,因为它们主要关注知识的记忆和应用。

2. 综合评价方法

综合评价方法是一种综合多种评价方法的形式,旨在评估学生的多方面能力。这些方法包括项目作业、小组讨论、实地调查和实验等。综合评价方法可以更全面地评估学生的知识、技能和综合应用能力,有助于培养学生的跨学科思维。然而,它们可能需要更多的时间和资源来设计和实施。

3. 口头评价

口头评价是一种通过口头交流来评估学生学习成果的方法。这包括口头答辩、演示、小组讨论和讲座等形式。口头评价可以帮助学生提高口头表达和沟通能力，同时也可以评估他们的理解和分析能力。口头评价特别适合培养学生的批判性思维和问题解决能力。

4. 实践评价

实践评价是通过实际操作和应用来评估学生的能力。这包括实验室实践、实地考察、实习和项目实施等形式。实践评价强调学生的实际应用能力，有助于将理论知识转化为实际技能。它对培养学生的实际问题解决和职业准备能力非常重要。

（二）评价方法的选择

1. 根据课程目标选择评价方法

评价方法的选择应该与课程目标和学习成果相一致。首先，教育者需要明确课程的目标，然后确定哪些评价方法最能评估学生是否达到这些目标。如果课程目标强调理论知识，传统的笔试可能是一个合适的选择；如果目标强调实际应用能力，实践评价可能更适用。

2. 综合使用多种评价方法

多样性的评价方法通常是更有效的，因为它们能够全面评估学生的能力。教育者可以综合使用传统评价、口头评价和实践评价等多种方法，以确保评价过程更全面和客观。这也有助于减少评价方法的局限性。

3. 鼓励自我评价和同行评价

自我评价和同行评价是重要的评价方法之一，它们可以帮助学生更好地了解自己的学习进展，并促使他们自主调整和改进。教育者可以鼓励学生进行自我评价，让他们定期反思自己的学习过程。此外，同行评价也可以在小组项目中实施，学生可以相互评估和反馈。

（三）评价的目的与原则

1. 评价的目的

评价的目的是确定学生的学习成果、教学质量和课程的有效性。不同的评价目的可能需要不同的评价方法。例如，用于课程改进的评价可能需要更多的反馈和建议，而用于学生成绩评定的评价则需要更多的客观性和一致性。

2. 公平性与公正性

评价应该是公平和公正的，确保每个学生都有平等的机会来展示他们的能力。教育者需要确保评价方法不会对不同学生群体造成不公平的影响，例如性别、种族、文化背景等。评价应该基于学生的实际能力，而不受外部因素的干扰。

3. 及时性与反馈

及时的评价和反馈对于学生的学习至关重要。教育者应尽力提供及时的评价结果，以便学生可以了解自己的学习进展，并及时调整学习策略。此外，提供具体和有针对性的反馈也有助于学生改进他们的学习。

4. 鼓励自主学习

评价应该鼓励学生进行自主学习，培养他们的批判性思维和问题解决能力。这可以通过给学生更多的自主选择和自主学习的机会来实现。教育者可以设计开放式的评价任务，让学生能够根据自己的兴趣和目标来选择评价的方向和形式。

5. 反映学科特点

不同学科领域可能需要不同的评价方法，因为它们的学习目标和特点各不相同。例如，艺术和文学领域可能更侧重创意和表达能力，而科学和工程领域可能更侧重实验和技术应用。因此，评价方法应根据不同学科领域的特点来选择和设计。

（四）跨学科评价方法

1. 跨学科项目评价

跨学科项目评价是一种评价方法，可以用于跨学科课程。学生可以根据多个学科领域的知识和技能，完成一个综合性的项目。这种评价方法有助于培养学生的跨学科思维和综合应用能力。

2. 口头展示和讨论

口头展示和讨论是跨学科评价的重要组成部分。学生可以通过口头方式来表达他们的跨学科思维和解决问题的能力。这可以包括小组讨论、辩论、演示和口头答辩等形式。

3. 跨学科问题解决

跨学科问题解决是一种评价方法，要求学生跨越学科的界限，解决复杂的问题。学生需要整合不同学科领域的知识和技能，提出解决方案并进行评估。这种评价方法有助于培养学生的跨学科思维和解决问题的能力。

4. 跨学科案例分析

跨学科案例分析是一种评价方法，要求学生分析和解决涉及多个学科领域的案例。学生需要整合各种知识和技能，以理解案例的复杂性并提出解决方案。这有助于培养学生的跨学科思维和分析能力。

课程评价的多样性与方法是确保评价过程全面、客观和有用的关键因素。评价方法的选择应根据课程目标、学科特点和评价目的来确定，同时应注重评价的公平性、及时性、反馈和鼓励自主学习。跨学科评价方法可以帮助学生更好地发展跨学科思维和解决问题的能力，应该在跨学科课程中得到更广泛的应用。通过综合使用多种评价方法，教育工作者可以更好地了解学生的学习成果，提高教学质量，确保学生能够在不同学科领域获得全面的教育。

二、学生绩效评估与反馈机制

学生绩效评估是教育体系中的关键环节，它旨在确定学生的学术成就和学习进展。同时，有效的反馈机制是确保学生在学习过程中不断进步的重要工具。

(一) 学生绩效评估的重要性

1. 促进学生学术成就

学生绩效评估是评价学生在不同学科领域中的学术成就的关键手段。通过考试、作业、项目等评估方法，教育工作者可以了解学生的知识水平和技能掌握情况。这有助于学生和教师共同努力，以提高学术成绩。

2. 个性化学习

学生绩效评估可以帮助教育工作者更好地了解每个学生的学习需求和能力水平。这有助于实施个性化学习，为每个学生提供适合他们的教学和资源，以提高学习效果。

3. 持续改进

通过绩效评估，学校和教育机构可以监测教学质量和课程效果。它们可以根据评估结果进行调整和改进，以确保学生得到更好的教育。这有助于提高教育体系的质量和效率。

4. 为学生提供目标和方向

学生绩效评估为学生提供了明确的学习目标和方向。学生了解他们的学术表现和进步水平，可以更好地设定目标并努力实现。评估结果还可以为学生提供反馈，帮助他们认识自己的强项和改进空间。

(二) 学生绩效评估的方法

1. 笔试和考试

笔试和考试是最常见的学生绩效评估方法之一。它们通常用于衡量学生对特定主题或学科领域的理解和记忆。笔试和考试可以包括选择题、填空题、问答题等不同形式。这些方法的优点是简单、标准化，但有时可能无法全面评估学生的知识和技能。

2. 作业和项目

作业和项目评估方法要求学生完成特定任务，如书面报告、研究项目、创作作品等。这些方法有助于评估学生的实际应用能力和创造性思维。这样可以更全面地了解学生的综合能力,但也需要更多的时间和资源来设计和评估。

3. 口头评价

口头评价是通过口头交流来评估学生的能力,包括口头答辩、小组讨论、演示等形式。口头评价可以帮助学生提高口头表达和沟通能力,同时也可以评估他们的理解和分析能力。这种评价方法特别适合培养学生的批判性思维和问题解决能力。

4. 实践评价

实践评价通过实际操作和应用来评估学生的能力,包括实验室实践、实地考察、实习和项目实施等形式。实践评价强调学生的实际应用能力,有助于将理论知识转化为实际技能。它对培养学生的实际问题解决和职业准备能力非常重要。

(三) 建立有效的反馈机制

1. 及时反馈

及时反馈是有效的反馈机制的关键。学生需要在学习过程中及时了解自己的表现,以便能够调整学习策略和改进。教育工作者应该尽力提供及时的评价结果,并在学生需要帮助时提供支持和指导。

2. 具体反馈

反馈应该是具体和有针对性的,以帮助学生认识他们的强项和改进空间。教育工作者可以提供详细的评论和建议,指出学生的表现中的问题和改进点。这有助于学生更好地了解自己的学习需求。

3. 鼓励自主学习

反馈应该鼓励学生进行自主学习,培养他们的批判性思维和问题解决能力。教育者可以帮助学生设定目标,制定学习计划,并提供资源和支持,以帮助他们不断进步。

4. 创造积极学习环境

积极的学习环境有助于学生更好地接受反馈和改进。学校和教育机构可以鼓励学生互相合作，分享经验和建议。此外，教育者也应鼓励学生将反馈视为成长的机会。

5. 跟踪学生进展

定期跟踪学生的学习进展是反馈机制的重要组成部分。教育工作者可以使用学习分析工具和教学管理系统来监测学生的表现和进步。这有助于及时发现学生可能遇到的问题，以及提供个性化的支持和指导。

6. 促进学生自我评价

鼓励学生进行自我评价也是建立有效反馈机制的一部分。学生应该能够自主地检查和评估自己的学习进展，以便更好地了解自己的强项和改进点。教育工作者可以提供工具和方法，帮助学生进行自我评价。

（四）学生绩效评估的挑战

1. 主观性和偏见

学生绩效评估有时受到主观性和偏见的影响，尤其是口头评价和作业评价。教育工作者需要努力减少主观性，确保评价是客观和公正的。这可以通过标准化评价标准和多样性的评价方法来实现。

2. 时间和资源限制

评估学生的学术成就需要时间和资源，特别是实践评价和项目评估。学校和教育机构需要投入足够的资源，以确保评估过程有效并且不会给教育者和学生带来过多的负担。

3. 学生焦虑

学生绩效评估可能导致学生焦虑，特别是在高压的考试环境下。教育工作者需要采取措施来减轻学生的焦虑，如提供支持和指导，以及创建积极的学习环境。

4. 多样性的学习需求

不同学生可能有不同的学习需求，因此评估方法需要适应多样性的学生群体。教育工作者应努力满足每个学生的需求，提供个性化的评价和反馈。

学生绩效评估和反馈机制是教育体系中至关重要的组成部分，有助于提高学生的学术成绩和学习体验。有效的评估方法和反馈机制可以促进学生的个性化学习、自主学习和不断改进。尽管存在一些挑战，如主观性和资源限制，但教育工作者可以采取措施来减轻这些挑战，并确保评估过程是客观、公正和有效的。通过不断改进学生绩效评估和反馈机制，教育体系可以更好地满足学生的学习需求，为他们的未来成功打好基础。

第五章　高职院校虚拟仿真实训基地的师资队伍建设

第一节　实训教师的素质与能力要求

一、实训教师的职业素养与背景要求

实训教师在教育体系中扮演着至关重要的角色，他们负责培养学生的实际操作技能、职业素养和职业发展能力。为了胜任这一工作，实训教师需要具备一定的职业素养和背景要求。

（一）实训教师的职业素养

1. 教育理念

实训教师的教育理念应该强调学生的综合发展，包括知识、技能、态度和价值观的培养。他们应该关注学生的实际需求和职业目标，帮助他们发展终身学习的能力，以适应不断变化的职业环境。

2. 专业知识

实训教师需要具备深厚的专业知识，以确保他们能够有效地传授实际操作技能。他们应该了解最新的行业趋势和技术，以便将最新的知识传授给学生。此外，他们还应该了解相关法规和标准，以确保学生的操作安全

和合规性。

3. 教育技巧

教育技巧是实训教师的重要素养之一。他们需要具备良好的课堂管理、学生激励和教学设计技巧。实训教师还应该了解不同学习风格和需求，以提供个性化的教育。他们还应该能够使用多种教学方法，如实践教学、小组讨论和案例研究，以满足学生的学习需求。

4. 沟通与人际关系

实训教师需要与学生、同事和行业合作伙伴建立良好的沟通和人际关系。他们应该能够有效地与不同背景和能力水平的学生互动，理解他们的需求，并提供支持和指导。同时，他们还需要与行业合作伙伴合作，以确保教育内容与实际需求相符。

5. 职业道德和职业发展

实训教师需要具备高度的职业道德，包括诚实、公正、负责任和尊重。他们应该为学生树立榜样，教导学生遵守职业道德和职业规范。此外，他们还应该关注自己的职业发展，不断提升自己的知识和技能，以适应变化的行业和教育需求。

（二）实训教师的背景要求

1. 教育背景

实训教师通常需要具备相关的教育背景，如教育学、职业教育、教育管理等。他们应该理解教育理论和实践，以提供有效的教育。教育背景还有助于他们了解学习心理学、教育评估和课程设计等教育原理。

2. 行业经验

实训教师通常需要在相关行业或领域积累一定的工作经验。这有助于他们了解行业趋势、最佳实践和相关技术。行业经验还使他们能够将理论知识与实际操作相结合，以更好地传授实际技能。

3. 教育认证和许可

在一些地区，实训教师需要获得教育认证和许可，以确保他们有资格从事教育工作。这通常涉及通过教育部门或认证机构的认证考试，以证明他们的教育和专业背景。

4. 持续学习

实训教师需要不断进行持续学习，以跟随行业发展和教育创新。他们可以参加专业发展课程、研讨会和培训，以提高自己的知识和技能。持续学习还有助于他们保持竞争力和满足职业要求。

5. 适应能力

实训教师需要具备适应能力，因为他们可能需要应对不同学生群体和教学环境。他们应该能够灵活调整教学方法和策略，以满足不同学习需求。

(三)实训教师的挑战与发展

1. 技术和数字化教育

随着科技的迅速发展，实训教师需要不断适应数字化教育和在线学习的趋势。他们需要掌握在线教育工具和教学技术，以有效地进行远程教学和虚拟实训。这需要不断学习和更新知识，以适应技术的快速变化。

2. 多元化学生群体

实训教师可能面对不同背景、文化、能力水平和学习风格的学生。这需要他们具备跨文化和包容性教育素养，以确保每个学生都能获得公平和平等的学习机会。教育工作者还需要提供个性化支持，以满足不同学生的学习需求。

3. 职业技能和市场需求

实训教师需要保持与市场需求和职业技能的同步。他们应该不断更新自己的专业知识，以确保教授的内容与实际职业要求相符。这可能需要参加行业研讨会、培训课程和获得行业认证。

4.职业发展和晋升机会

教育领域通常提供广泛的职业发展和晋升机会。实训教师可以考虑担任教育领导职位，如教育部门主管、课程开发师、教育经理或研究员。这需要不断提升自己的教育背景和专业知识。

实训教师的职业素养和背景要求至关重要，因为他们直接影响学生的职业发展和实际操作技能的培养。他们需要具备教育理念、专业知识、教育技巧、沟通和人际关系技能，以便有效地教育学生。此外，他们的教育背景、工作经验和持续学习都是确保他们在职业中成功的关键因素。尽管面临各种挑战，如技术变革和多元化学生群体，但实训教师可以通过不断学习和发展来适应变化的教育环境，为学生提供最佳的教育体验。通过不断提升自己的职业素养和背景要求，实训教师可以更好地满足学生的需求，为他们的未来职业成功做出贡献。

二、教育技术与虚拟仿真技能

教育技术和虚拟仿真技能在教育领域中扮演着日益重要的角色。随着科技的不断发展，教育技术的应用范围变得越来越广泛，虚拟仿真技能也越来越受到关注。

（一）教育技术的重要性

1.个性化学习

教育技术可以帮助教育者更好地满足不同学生的学习需求。通过在线学习平台、自适应学习系统和个性化教育软件，学生可以根据自己的学习风格和进度来学习，而不受传统课堂的限制。这有助于提高学习效果和学生的学术成就。

2.远程教育

教育技术应该支持远程教育，使学生能够随时随地访问教育资源。这对那些无法亲临校园的学生来说尤其重要。远程教育通过在线课程、数字教材和远程互动课程为学生提供了灵活的学习机会。

3. 提高教学效率

教育技术可以帮助教育者更有效地管理教学过程。教学管理系统、电子教材和在线作业可以减轻教育者的工作负担,使他们能够更好地集中精力于教育内容和教学方法的改进。

4. 增强互动和参与

互动和参与是有效学习的关键。教育技术可以通过在线讨论、虚拟实验室和多媒体资源来增强学生的互动和参与。学生可以通过在线平台与教育者和同学互动,分享想法和解决问题。

(二) 虚拟仿真技能的重要性

1. 实际操作的模拟

虚拟仿真技能允许学生在安全的虚拟环境中进行实际操作的模拟。这对于那些需要进行危险实验或操作昂贵设备的学科领域尤其有益。学生可以在虚拟实验室中模拟化学实验、生物学实验、物理实验等,以提高他们的实际操作技能和实验设计能力。

2. 职业准备

虚拟仿真技能对于职业准备非常重要。许多行业要求员工具备特定的实际操作技能,如飞行员、外科医生、工程师等。虚拟仿真技能允许学生在真实情境中模拟职业操作,以帮助他们进入职场。

3. 成本节约

虚拟仿真技能可以节省成本,因为它消除了昂贵的实验室设备和实际操作的需求。学校和教育机构可以通过虚拟仿真来提供高质量的教育,同时减少设备和材料的开销。

(三) 培养教育技术与虚拟仿真技能

1. 教育技术技能的培养

培养教育技术技能需要学习和掌握各种教育技术工具和平台。教育者可以通过参加培训课程、研讨会和在线资源来提高他们的教育技术技能。他们还可以积极探索和尝试新的教育技术工具，以便更好地应用于教学。

2. 虚拟仿真技能的培养

虚拟仿真技能的培养需要学习和掌握虚拟仿真软件和工具。学生和教育者可以通过参加虚拟仿真培训课程、使用模拟工具和参与虚拟实验室来提高他们的虚拟仿真技能。他们还可以积极探索不同领域的虚拟仿真应用，以提高他们的实际操作技能。

3. 教育技术与虚拟仿真技能的整合

教育技术和虚拟仿真技能的整合对于提供高质量的教育体验至关重要。教育者可以将虚拟仿真技术与在线学习平台相结合，以提供交互式的虚拟实验和实际操作体验。他们还可以使用多媒体资源和模拟软件来增强课程的吸引力和教育效果。

4. 学习社群和合作

学习社群和合作对于培养教育技术和虚拟仿真技能非常重要。教育者和学生可以加入在线教育技术社群，分享经验和资源，互相学习和提高。他们还可以合作开发虚拟仿真教材和项目，以提高他们的技能水平。

5. 持续学习和更新

教育技术和虚拟仿真技能是不断发展的领域，因此持续学习和更新是非常重要的。教育者和学生应该保持与最新技术和工具的同步，以适应变化的教育环境。他们可以定期参加培训课程和研讨会，了解最新趋势和最佳实践。

教育技术和虚拟仿真技能在教育领域中的应用越来越广泛，它们为学生和教育者提供了更多的学习机会和实际操作经验。培养和发展这些关键技能对于提高教育质量和职业准备非常重要。通过不断学习和更新，教育者和学生可以更好地适应变化的教育环境和职业需求。教育技术和虚拟仿真技能将继续推动教育领域的创新和改进，为学生提供更好的学习体验和职业发展机会。

第二节　实训教师培训与发展计划

一、师资队伍的培训需求与计划

教育体系的质量和效力与师资队伍的素质和能力密切相关。因此，师资队伍的培训和发展至关重要，以确保他们具备最新的教育知识、教学技巧和专业素养。

（一）师资队伍的培训需求

1. 教育知识更新

教育领域的知识和理论不断发展，师资队伍需要不断更新自己的教育知识。他们应该了解最新的教育理论、教学方法和评估工具，以提供高质量的教育。教育知识更新也有助于教育者更好地了解学生的学习需求和挑战。

2. 教学技巧和策略

师资队伍需要不断提高他们的教学技巧和策略，以满足不同学生的学习需求。这包括课堂管理、教学设计、学生激励和教学评估等方面的技能。他们还应该学习如何使用教育技术和在线教育工具，以提供交互式和多样化的教育。

3. 跨文化和多样性教育

师资队伍需要具备跨义化和多样性教育的知识和技能，以满足不同学生群体的需求。这包括了解不同文化背景、语言和特殊需求的学生，以提供包容性教育。师资队伍还应该学习如何创造多元化的学习环境，以鼓励互相尊重和合作。

4. 教育技术和虚拟仿真技能

教育技术和虚拟仿真技能在现代教育中越来越重要。师资队伍需要学习如何使用在线学习平台、虚拟实验室和模拟工具，以提供高质量的教育。这也包括了解数字教材、在线教育资源和学生信息系统的使用。

5. 职业道德和伦理

师资队伍需要具备高度的职业道德和伦理，以为学生树立榜样。他们应该了解教育领域的伦理准则和规范，以确保公正、诚实和负责任的教育实践。职业道德培训也有助于预防学术不端和教育欺诈。

（二）师资队伍的培训计划

1. 识别培训需求

要制定有效的师资队伍培训计划，首先需要识别师资队伍的培训需求。这可以通过教育者的自我评估、学生反馈、教学评估和学校或机构的教育目标来实现。识别培训需求有助于确定培训的重点和优先事项。

2. 制订培训计划

一旦识别了培训需求，就可以制定详细的培训计划。培训计划应包括培训内容、教育方法、时间表和评估方法。计划可以针对不同领域的培训需求，如教育知识更新、教学技巧培训、跨文化教育和伦理培训。

3. 选择培训方法

培训方法可以多样化，包括研讨会、工作坊、在线课程、教育会议和反思实践。选择适当的培训方法取决于培训内容和师资队伍的需求。例如，虚拟仿真技能的培训可以通过在线模拟工具和实际操作经验来实现。

4. 实施培训计划

培训计划的实施需要充分的支持和资源。学校和机构可以提供培训材料、教育技术工具和培训设施。培训应由有经验的培训师或专家来进行，以确保培训的质量和效果。

5. 评估培训效果

培训计划的效果应该定期评估。这可以通过学生表现、教育者的教学评估、培训后的自我评估和学校或机构的反馈来实现。评估结果可以用于改进培训计划和提高师资队伍的能力。

(三) 培训对教育质量的影响

1. 提高教育质量

师资队伍的培训可以显著提高教育质量。教育者通过更新知识、提高教学技巧和了解最新的教育趋势，能够更好地满足学生的学习需求。他们能够采用更有效的教学方法，提供个性化的支持，并提高学生的参与度和表现。

2. 增加学生满意度

师资队伍的培训可以提高学生的满意度。当教育者能够更好地满足学生的需求、提供高质量的教育和提高教学互动时，学生更有可能对教育体验感到满意。这有助于提高学生的学术成绩、毕业率和学校声誉。

3. 提升教育机构的声誉

高素质的师资队伍有助于提高教育机构的声誉。教育机构可以通过培养卓越的教育者来吸引更多的学生和资金。高质量的教育和教学也有助于提高教育机构的排名和影响力。

4. 适应变化的教育环境

教育环境不断发展和变化，包括科技的快速发展、多样性学生群体的增加以及全球化的挑战。师资队伍的培训使他们能够更好地适应这些变化，采用创新的教育方法和工具，以满足不断演变的教育需求。

5. 提高教育领域的影响力

教育领域的影响力取决于教育者的能力和知识水平。高素质的师资队伍能够推动教育领域的创新和改进，为社会提供更好的教育机会和解决问题的能力。

师资队伍的培训是提高教育质量和教育体系效力的关键因素。通过不断更新知识、提高教学技巧、了解最新的教育趋势和培养高度的职业道德，教育者可以更好地满足学生的学习需求，提高学生的学术成就和满意度。培训还有助于提高教育机构的声誉和影响力，适应变化的教育环境，以及推动教育领域的创新和改进。因此，制定和实施有效的师资队伍培训计划至关重要，以提高教育的质量和效力。师资队伍的不断学习和发展将继续推动教育领域的进步，为学生提供更好的教育机会和未来职业发展。

二、教育技术与新兴教学方法的培训

随着科技的不断发展，教育领域也经历了巨大的变革。教育技术和新兴教学方法的出现已经改变了传统的教学方式，为学生和教育者提供了更多的学习机会和创新的教学工具。

（一）新兴教学方法的重要性

1. 问题导向学习

问题导向学习是一种强调学生提出问题、解决问题和主动探究知识的教学方法。它有助于培养学生的批判性思维、问题解决能力和自主学习能力。

2. 协作学习

协作学习强调学生与同学一起合作，共同解决问题和完成任务。这有助于培养学生的团队合作技能、沟通能力和互相尊重的价值观。

3. 活动式学习

活动式学习是一种通过实际操作和体验来学习的方法。它有助于学生将理论知识应用到实际情境中，提高他们的实际操作技能和创新能力。

4. 反思性学习

反思性学习要求学生思考和评估他们的学习经历,以便更好地理解自己的学习风格和需求。这有助于提高学生的元认知技能和自我管理能力。

(二)教育技术与新兴教学方法的培训计划

为了更好地利用教育技术和新兴教学方法,教育者需要接受相应的培训。以下是一些培训计划的关键元素:

1. 识别培训需求

首先,需要识别教育者的培训需求。这可以通过教育者的自我评估、学校或机构的教育目标和学生的需求来实现。识别培训需求有助于确定培训的内容和重点。

2. 制订培训计划

制定详细的培训计划,包括培训内容、教育方法、时间表和评估方法。培训计划应该根据教育者的不同领域需求,如教育技术培训和新兴教学方法培训。

3. 选择培训方法

选择适当的培训方法,包括研讨会、工作坊、在线课程和反思实践。培训方法应根据培训内容和教育者的需求来选择。例如,教育技术的培训可以通过在线模拟工具和实际操作经验来实现,而新兴教学方法的培训可以通过实际操作和协作学习来实现。

4. 实施培训计划

培训计划的实施需要充分的支持和资源。学校和机构可以提供培训材料、教育技术工具和培训设施。培训应由有经验的培训师或专家来进行,以确保培训的质量和效果。

5. 评估培训效果

定期评估培训计划的效果,以确保培训的有效性。评估可以通过学生表现、教育者的教学评估、培训后的自我评估和学校或机构的反馈来实现。

评估结果可以用于改进培训计划和提高教育者的能力。

（三）培训对教育的影响

1. 提高教育质量

通过培训教育者，教育机构可以提高教育质量。教育者能够更好地利用教育技术和新兴教学方法，提供个性化的学习体验，增强互动和参与，提高学生的学术成绩。

2. 增强学生参与度

教育技术和新兴教学方法有助于提高学生的参与度。学生更容易受到吸引，因为这些方法通常更有趣和互动。学生也更有可能参与协作学习和实际操作，以提高他们的学习效果。

3. 培养创新思维

教育技术和新兴教学方法培养学生的创新思维和问题解决能力。学生通过自主学习、问题导向学习和活动式学习来发展批判性思维和创造力，这些能力对未来的职业和学术成功至关重要。

4. 适应变化的教育环境

教育环境不断变化，包括科技的快速发展和全球化的挑战。教育者通过培训可以更好地适应这些变化，采用创新的教育方法和工具，以满足不断演变的教育需求。

5. 提高教育领域的影响力

教育技术和新兴教学方法有助于提高教育领域的影响力。教育者能够推动教育领域的创新和改进，为社会提供更好的教育机会和解决问题的能力。他们的工作对于提高教育领域的声誉和影响力至关重要。

教育技术和新兴教学方法的培训对于提高教育质量、学生参与度和创新能力非常重要。通过培训教育者，教育机构可以更好地满足学生的学习需求，提高学生的学术成绩和满意度。培训还有助于提高教育者的适应变化的教育环境和提高教育领域的影响力。因此，制定和实施有效的教育技术和新兴教学方法的培训计划至关重要，以提高教育的质量和效力。教育者的不断学习和发展将继续推动教育领域的进步，为学生提供更好的学习体验。

第三节 行业专家与实训教师的合作机制

一、行业专家的参与与合作机制

在不断变化和发展的社会中，行业专家的知识和经验对于教育、科研和创新领域的发展至关重要。他们的参与和合作可以为教育机构、研究机构和企业提供宝贵的资源和见解，促进知识传递和创新。

（一）行业专家的参与与合作的重要性

1. 提供实际经验和应用知识

行业专家通常具有丰富的实际经验和应用知识。他们可以分享在实际工作中获得的见解和技能，为教育机构、研究项目和企业提供宝贵的资源。这有助于桥接理论和实践之间的鸿沟，使教育和研究更贴近现实需求。

2. 提供最新的行业趋势和发展

行业专家通常紧跟行业的最新趋势和发展。他们可以为教育者、研究人员和企业提供关于市场需求、新技术和行业动态的信息。这有助于确保培养出更具竞争力的学生和开展具有前瞻性的研究项目。

3. 提供导师和指导

行业专家可以担任导师或指导者的角色，帮助学生、研究人员和初创企业发展。他们的导师经验和行业洞察力有助于培养新一代的专业人才，推动创新和创业。

4. 开展联合研究和项目

行业专家可以与教育机构、研究机构和企业合作，开展联合研究和项目。这有助于将理论知识应用到实际问题的解决中,推动创新和产业发展。合作还可以为参与方提供资源和资金支持。

(二)建立行业专家参与与合作机制

1. 建立合作网络

教育机构、研究机构和企业可以建立行业专家参与与合作的网络。这可以通过组织研讨会、会议和行业论坛来实现,以促进专家和机构之间的交流和合作。

2. 制定合作协议

合作协议可以明确参与方的责任和期望,以确保合作项目的顺利实施。协议可以包括项目的目标、时间表、预算和知识产权等方面的内容。这有助于防止潜在的合作纠纷,并为合作双方提供透明度。

3. 提供资源支持

为行业专家提供资源支持,以鼓励他们参与合作项目。这可以包括提供实验室设施、研究资金、技术支持和访问学生的机会。资源支持有助于吸引专家的参与和提供更多的价值。

4. 建立导师计划

建立导师计划,以支持行业专家担任导师和指导者的角色。导师计划可以提供培训和资源,帮助专家更好地与学生和研究人员互动,提供指导和建议。

5. 评估合作项目

定期评估合作项目的效果,以确保项目达到预期的目标。评估可以通过学生和研究人员的表现、项目成果和行业影响来实现。评估结果可以用于改进合作机制和项目设计。

(三)行业专家参与与合作的影响

1. 提高教育质量

行业专家的参与和合作有助于提高教育质量。他们的实际经验和知识可以丰富教育内容，为学生提供更贴近实际需求的教育。行业专家的导师和指导也有助于学生的职业准备。

2. 推动创新和研究

行业专家的参与有助于推动创新和研究。他们可以与研究人员合作，开展前沿研究项目，为解决行业和社会的问题提供新的解决方案。合作还有助于将研究成果应用到实际中，推动产业发展。

3. 促进就业机会

行业专家的参与可以为学生提供就业机会。他们可以提供实习、工作机会和职业建议，帮助学生更好地准备就业。

4. 提高机构的声誉

合作与行业专家有助于提高教育机构、研究机构和企业的声誉。他们的知识和经验可以为机构带来更多的资源和合作机会，增加机构的影响力和声誉。这有助于吸引更多的学生、研究项目和合作伙伴。

5. 解决实际问题

行业专家的参与与合作有助于解决实际问题。他们可以为机构提供关于如何解决特定问题的建议和支持。合作项目可以产生可实施的解决方案，有助于满足社会和市场的需求。

行业专家的参与与合作是推动教育、研究和创新领域发展的关键因素。他们的知识和经验丰富了教育内容，促进了创新和研究，提高了教育质量，提供了就业机会，增强了机构的声誉，解决了实际问题。通过建立行业专家的参与与合作机制，教育机构、研究机构和企业可以充分利用这些资源，共同实现教育和创新的目标，为社会的发展和进步做出积极贡献。因此，建立有效的合作关系和机制至关重要，以实现共同的愿景和使命。通过不断的合作与交流，我们可以推动知识的传递和创新的发展，为未来的挑战提供更好的解决方案。

二、行业经验与实训教师的互补

在现代教育中，实训教师的作用愈加重要，他们通过实践性的教学方法和领域知识的传授，为学生提供了丰富的学习经验。然而，教师虽然在教育领域具备专业知识和教学技能，但缺乏实际行业经验。与此相反，行业专家在特定领域具有丰富的实际经验，但不一定具备教育背景。

（一）实训教师的角色和功能

1. 专业知识传授

实训教师在教育领域拥有深厚的学科知识和教学技能。他们负责为学生提供理论知识，并通过课堂教学、实验和项目指导来传授专业领域的知识。

2. 学习资源提供

实训教师通常提供学生所需的学习资源，包括教材、参考书籍、学习大纲等。他们还负责组织教育课程、安排学习计划和评估学生的学术表现。

3. 教学方法和技巧

实训教师掌握各种教学方法和技巧，以满足学生的学习需求。他们可以采用多种教学策略，包括讲座、小组讨论、案例研究和实验，以提高学生的学术成绩。

4. 学生导向和支持

实训教师通常为学生提供个性化的支持和指导。他们可以帮助学生制定学习计划、解决学术问题和提供职业建议。他们还可以鼓励学生参与实践性的学习活动。

5. 教育评估

实训教师负责评估学生的学术表现，包括考试、作业和项目。他们为学生提供反馈，并帮助他们提高学术成绩。教育评估是教育过程中的重要组成部分，有助于提高教育质量。

（二）行业经验的价值

1. 实际经验

行业经验是通过在特定领域的工作和实践中积累的知识和技能。行业专家通常在实际工作中面对各种挑战和问题，因此具备解决问题的经验和洞察力。

2. 实际案例

行业专家可以分享实际案例和故事，将理论知识与实际情境联系起来。这有助于学生更好地理解抽象概念，并将其应用到实际问题的解决中。

3. 最新趋势和发展

行业专家通常紧跟行业的最新趋势和发展。他们可以为学生提供关于市场需求、新技术和行业动态的信息。这有助于确保学生毕业后具备最新的职业技能。

4. 职业导向

行业专家可以为学生提供有关职业发展的建议和指导。他们了解行业的就业前景和职业要求，可以帮助学生选择适合自己的职业路径。

（三）行业经验与实训教师的互补

1. 提供实际案例

实训教师可以邀请行业专家来分享实际案例和经验。这有助于将理论知识与实际情境联系起来，使学生更好地理解专业领域的概念。行业专家可以通过案例研究和实际问题的解决来提供宝贵的见解。

2. 参与课程设计

行业专家可以参与课程设计，确保教育内容符合实际需求。他们可以提供建议，帮助教师更新课程内容。

3. 提供实践性机会

实训教师可以合作，为学生提供实践性机会，如实习、项目和实验。

行业专家可以提供实际的项目,让学生将所学知识应用到实际中,提高他们的实际操作技能。

4. 导师和指导

行业专家可以担任导师或指导者的角色,帮助学生更好地准备就业。他们可以提供职业建议、职业规划和就业机会。导师计划可以帮助学生顺利过渡到职业生涯。

5. 评估学生表现

实训教师可以与行业专家合作,评估学生的学术表现。这有助于确保学生毕业时具备实际职业所需的技能和知识。行业专家可以提供实际的评估标准,并根据他们的经验来评价学生的能力。这种合作评估有助于提高学生的职业竞争力。

6. 促进合作和创新

行业专家与实训教师的合作有助于促进合作和创新。他们可以共同开展研究项目、解决实际问题和推动产业发展。这种合作可以产生创新的解决方案,为学生提供更多的机会,同时为学校和机构提供更多的资源。

(四)互补关系的益处

1. 提高教育质量

将行业经验与实训教师的专业知识结合起来,有助于提高教育质量。学生将受益于丰富的学科知识和实际经验的结合,这有助于更好地准备他们的职业。

2. 提高学生就业竞争力

学生将在学校和实践中获得最新的职业技能和知识。这将提高他们的就业竞争力,因为他们能够立刻应用所学的技能,并了解当前的职业趋势。

3. 推动研究和创新

合作关系有助于推动研究和创新。实训教师和行业专家可以一起开展研究项目,解决实际问题,提供新的解决方案。

4. 建立合作网络

合作关系还有助于建立合作网络。学校和机构可以与行业专家建立长期的合作关系，共同实现教育和研究目标。这些合作关系可以为学生提供更多的机会，同时也为机构带来更多的资源。

行业经验与实训教师的互补关系对于提高教育质量、学生就业竞争力、推动研究和创新、建立合作网络都具有巨大的益处。通过合作，学生将受益于丰富的学科知识和实际经验的结合，有助于更好地准备他们的职业。这种合作关系还有助于推动研究和创新，解决实际问题，提供新的解决方案。同时，它还有助于建立合作网络，为学校和机构带来更多的资源。因此，将行业经验与实训教师的专业知识相结合，是提高教育质量和学生职业发展的有效途径。这种合作关系有助于满足学生的学习需求，促进实际应用和创新，为教育领域的进步做出贡献。

第四节 实训教师的业绩考核与激励机制

一、教师绩效考核的指标与标准

教育的质量和效果与教师的表现密切相关。因此，对教师的绩效进行全面评估和监测至关重要。教师绩效考核的指标和标准是评估教师的教育能力、职业发展和教学质量的工具。

（一）教师绩效考核的重要性

1. 提高教学质量

教师绩效考核有助于提高教学质量。通过定期的评估和反馈，教师可以识别自己的强项和改进的领域，从而提高课堂教学效果。这有助于提高学生的学术成绩和满意度。

2. 促进教师职业发展

绩效考核可以为教师的职业发展提供指导。通过评估和反馈，教师可以确定自己的职业目标和发展需求。这有助于他们制定职业规划和提高职业发展机会。

3. 激励教师表现

绩效考核可以激励教师表现。教师知道他们的表现将受到评估，因此他们更有动力提供高质量的教育。这有助于建立积极的教学文化和提高教育质量。

4. 提供决策支持

教师绩效考核为教育决策提供重要信息。学校、学区和政府可以根据绩效评估的结果制定政策和资源分配决策。这有助于提高教育资源的分配效率和公平性。

（二）教师绩效考核的指标

1. 教育成就

教育成就是评估教师绩效的关键指标之一。这包括学生的学术成绩、考试分数和标准化测试结果。教师的任务是帮助学生取得成功，因此他们的教学成果是一个重要的指标。

2. 教育目标达成

教师的绩效还可以通过评估他们是否达到了既定的教育目标来进行衡量。这包括评估教育计划和教育标准是否得到了满足。例如，学校的教育目标是否得到了实现。

3. 教学方法和技巧

教师的教学方法和技巧也是绩效考核的重要指标。这包括评估教师是否采用了多样化的教学策略、互动式教学和问题解决方法。这些方法可以提高学生的学习效果。

4.课堂管理

课堂管理是评估教师绩效的另一个关键指标。这包括评估教师是否能够有效地管理学生的行为，创造积极的学习环境，处理纪律问题和促进学生参与。

5.学生反馈

学生反馈是评估教师绩效的有用来源。学生可以提供关于教学质量和教师表现的反馈。这可以帮助教师改进他们的教学方法和技巧。

6.合作和团队合作

教师的合作和团队合作能力也是绩效考核的重要指标。这包括评估教师是否能够与同事、学生家长和学校管理人员合作，以提高学校的整体效率和学生的学术成绩。

（三）教师绩效考核的标准

1.明确的评估标准

教师绩效考核需要明确的评估标准。这些标准应该基于教育目标和学校或学区的需求。标准应该明确指出何为优秀、合格和需要改进的表现。

2.多元评估方法

绩效考核应使用多元评估方法，以确保全面评估教师的表现。这包括教育成就数据、教师的自我评估、学生反馈和同事评估。多元评估可以提供更全面的评价依据，减少主观偏见。

3.定期的反馈和改进

绩效考核应该是一个定期的过程，而不仅仅是一次性的评估。教师应该定期接受反馈，并有机会改进他们的表现。这有助于持续改进教学质量。

4.职业发展支持

绩效考核应该为教师的职业发展提供支持。教师应该得到培训、指导和资源，以提高他们的教育技能和知识。这有助于他们在职业中不断发展。

5. 公平性和透明度

绩效考核应该是公平和透明的。评估过程应该基于客观标准，减少主观因素的影响。同时，评估过程和结果应该对教师和学校管理人员透明，以确保公平性和可信度。

二、教师激励政策与奖励制度

教育是国家的未来，而教师则是教育事业中最为重要的组成部分。教师的教育质量和教育水平直接关系到国家的未来发展。因此，如何激励教师，提高他们的工作积极性和专业水平，一直是各国政府和教育机构关注的重要问题。

（一）教师激励政策的重要性

1. 教育的重要性

教育是一个国家发展的基石。通过教育，人们能够获取知识和技能，提高自己的素质和能力，从而更好地适应社会和经济的变化。教育还有助于培养公民的道德和价值观，推动社会的和谐和进步。因此，教育的质量直接关系到一个国家的未来。

2. 教师的关键作用

在教育过程中，教师扮演着关键的角色。他们不仅仅是知识的传递者，还是学生的引导者和榜样。教师的教育水平、教育理念和教育方法都对学生的成长和发展产生深远的影响。因此，教师的质量和能力至关重要。

3. 教师激励政策的必要性

教师职业是一项高度责任和要求的工作，但与之相关的待遇和奖励并不总是能够满足这一责任。为了吸引和留住优秀的教师，教育机构和政府需要制定激励政策和奖励制度。这些政策和制度可以激励教师更好地履行职责，提高教育质量，最终有助于国家的发展。

（二）不同国家的教师激励政策

1. 薪酬激励

薪酬激励是最常见的教师激励方式之一。许多国家通过提高教师的薪资水平，奖励那些表现优秀的教师。这可以通过提供年终奖金、绩效奖金、教育津贴等方式来实现。例如，芬兰在教育领域采用了高薪酬策略，吸引了高素质的教师。

2. 职业发展机会

除了薪酬激励外，职业发展机会也是重要的教师激励手段。这包括提供教育培训、职务晋升机会、教育研究支持等。例如，新加坡通过提供教师不断的职业发展机会，吸引了一大批高素质的教育工作者。

3. 教育资源和支持

提供教育资源和支持也是教师激励政策的一部分。这包括提供先进的教育技术、教材和教育研究支持。这些资源和支持可以帮助教师更好地履行职责，提高教育质量。例如，韩国通过提供现代化的教育资源，吸引了许多杰出的教育工作者。

（三）教师奖励制度的建立与改进

1. 奖励制度的建立

建立有效的教师奖励制度需要仔细考虑不同方面的因素。首先，需要明确奖励的标准和依据。这可以包括教育成绩、学生评价、同事评价等。其次，奖励的类型和方式也需要明确定义。奖励可以包括金钱奖励、荣誉称号、职务晋升等。最后，奖励的发放程序和机制需要清晰，并确保公平和透明。

2. 奖励制度的改进

奖励制度的改进是一个动态的过程。随着教育领域的不断发展和变化，奖励制度也需要不断调整和改进。为了确保奖励制度的有效性，需要进行定期的评估和反馈。教育机构和政府可以与教师协会和专家合作，共同制定和改进奖励制度。

教师激励政策与奖励制度对于提高教育质量和吸引高素质的教育工作者至关重要。通过薪酬激励、职业发展机会、教育资源和支持等方式，可以激励教师更好地履行职责，提高教育水平。然而，实施教师激励政策并不是一件容易的事，需要克服一些挑战，如资金不足、不公平和不透明、文化差异等。

为了解决这些挑战，政府和教育机构需要采取积极的措施，如筹集足够的资金、建立透明和公平的奖励制度，以及考虑本地文化和教育差异。通过这些努力，可以有效地激励教师，提高教育质量，为国家的未来发展做出更大的贡献。因此，教师激励政策和奖励制度应该成为教育改革的重要组成部分，得到充分的重视和支持。

第五节　实训教师的职业发展路径

一、教师职业发展的多样性与选择

教师职业一直以来都是备受尊敬的职业之一，因为教师承担了培养下一代、传授知识和价值观念的重要任务。然而，随着社会的不断变化和教育领域的发展，教师职业的多样性与选择也变得越来越重要。

（一）教师职业的多样性

1. 不同类型的教师

教师职业不仅仅包括传统的小学、中学和大学教师，还包括各种不同类型的教育工作者。以下是一些不同类型的教师：

幼儿教师：幼儿教师负责教育和照顾婴幼儿，帮助他们在早期发展中获取基本的知识和技能。

特殊教育教师：特殊教育教师专注于教育和支持有特殊需求的学生，如残障儿童或有学习障碍的学生。

语言教师：语言教师教授不同语言的阅读、写作和口语技能，帮助学生掌握外语或提高母语水平。

职业教育教师：职业教育教师培训学生在特定领域中获得职业技能，为他们未来的职业生涯做好准备。

在线教育教师：随着技术的发展，越来越多的教育机构提供在线教育，需要在线教育教师来指导学生学习。

2. 不同类型的教育岗位

除了不同类型的教师，教育领域还提供了多样的教育岗位。这些岗位涵盖了从教育管理到教育研究的各个领域。以下是一些不同类型的教育岗位：

教育管理员：教育管理员负责管理学校或教育机构的日常运营，制定政策和决策，确保学生和教师的顺利运转。

教育研究员：教育研究员进行教育研究，帮助改进教育体系和教学方法。

课程设计师：课程设计师开发教材和教学计划，以确保学生获得最佳的学习体验。

辅导员：辅导员为学生提供心理健康支持，帮助他们克服个人和学术问题。

教育技术专家：教育技术专家使用技术工具和资源来提高教育效果，如在线学习平台和教育应用程序。

(二) 教师职业的选择

1. 个人兴趣和技能

教师职业的选择通常与个人的兴趣和技能相关。不同类型的教师和教育岗位需要不同的技能和特质。例如，幼儿教师需要有耐心和爱心，特殊教育教师需要有耐心和专业知识，语言教师需要精通多种语言，而职业教育教师需要了解特定领域的知识。因此，个人可以根据自己的特质和技能来选择适合自己的教师职业。

2. 教育和培训

要成为一名教师，通常需要接受相关的教育和培训。不同类型的教师和教育岗位可能需要不同程度的教育和资格认证。例如，成为小学老师通常需要本科学位和教育认证，而成为大学教授可能需要研究生学位和专业经验。因此，个人需要接受适当的教育和培训，以满足教师职业的要求。

3. 职业前景和需求

在选择教师职业时，个人还应考虑职业前景和需求。不同类型的教师和教育岗位在不同地区和国家的需求可能会有所不同。一些教育领域可能存在更多的工作机会，而其他领域可能较为竞争激烈。因此，了解教育领域的就业前景和需求情况对做出明智的选择很重要。

（三）教师职业的多样性

1. 教师职业的多样性带来的优势

教师职业的多样性为个人和社会带来了多方面的优势。

个人发展：教师职业的多样性意味着个人可以选择与自己的兴趣、技能和价值观相匹配的教育岗位。这有助于个人在工作中感到满足，提高工作满意度和幸福感。

教育质量：不同类型的教师和教育岗位可以满足不同学生的需求。特殊教育教师可以帮助有特殊需求的学生，语言教师可以提高学生的语言技能，职业教育教师可以为学生提供实际技能。这种多样性有助于提高教育质量和学生的学术成就。

社会需求：社会需要不同类型的教育工作者来满足多元化的需求。特殊教育教师可以帮助社会更好地包容残障学生，职业教育教师可以为职业市场提供技能，语言教师可以促进跨文化交流。因此，教师职业的多样性有助于满足社会的不同需求。

2.教师职业的多样性带来的挑战

尽管教师职业的多样性有许多优势，但也存在一些挑战。

教师招聘和培训：不同类型的教师需要不同的招聘和培训机制。教育机构和政府需要确保招聘和培训程序是有效的，以满足多样性的需求。

职业发展机会：不同类型的教师需要不同的职业发展机会。教育机构和政府需要为不同类型的教师提供职业晋升机会和支持。

教育资源分配：教育机构和政府需要合理分配教育资源，以满足不同类型的教师和学生的需求。这可能需要有关资源的平衡分配和有效的资源管理。

教师职业的多样性和选择是教育领域的一个重要方面。不同类型的教师和教育岗位可以满足不同学生的需求，提高教育质量，满足社会的多元化需求。个人可以根据自己的兴趣、技能和价值观来选择适合自己的教育领域，实现个人发展和满足感。然而，教育机构和政府也需要适应这种多样性，确保招聘、培训、职业发展和资源分配是公平、有效的。通过合理的规划和管理，教师职业的多样性将为教育事业和社会的发展带来积极的影响。

二、教育行业内的晋升机会与路径

教育是社会的重要组成部分，而教育行业是培养未来一代和促进社会进步的核心领域之一。在教育行业工作的人们往往希望有机会提升职业，实现个人和职业目标。

（一）教育行业内的职位和晋升机会

1.教师

教师是教育行业中最基本的职位之一，他们负责传授知识、培养学生和推动学习。教师的晋升路径通常包括以下几个职位：

初级教师：刚刚开始教育生涯的教师通常会从初级教师职位开始。他们负责教授基本课程和教育原则。

高级教师：高级教师在经验和教育水平上有所提升，可能负责更高级别的课程或承担额外的职责。

部门主任或年级主管：一些高级教师可能有机会晋升为部门主任或年级主管，负责管理特定学科或年级的教育工作。

副校长或校长：有经验的教师可以追求更高级别的管理职位，如副校长或校长，参与学校的领导和管理工作。

教育专家或研究员：一些教师可能选择成为教育领域的专家或研究员，参与教育政策制定或教育研究。

2.学校管理

学校管理职位涵盖了学校领导、行政和管理工作。以下是一些学校管理职位的晋升机会：

副校长或校长：副校长或校长负责学校的日常管理和领导，包括制订发展战略、招聘教师和管理资源。

学校主管或部门主管：学校主管或部门主管负责特定领域或学科的管理和协调。

教育局局长或区域主管：在更大的教育体系中，教育局局长或区域主管负责管理多所学校和协调教育资源。

学校董事会成员：一些教育管理人员可以成为学校董事会的成员，参与学校决策。

3.教育专家和研究员

教育专家和研究员通常从教师或学术背景出发，他们的晋升路径可能包括以下职位：

研究助理或实习生：刚刚开始研究生涯的人可能会担任研究助理或实习生职位，参与研究项目并积累经验。

研究员或助教：经验增加后，研究员或助教可能有机会参与更广泛的研究项目或教授课程。

高级研究员或讲师：在研究和教学方面有卓越表现的人可能会晋升为高级研究员或讲师。

教育政策制定者：一些教育专家和研究员可能会涉足政府或教育机构，参与教育政策制定和改革。

（二）教育行业内的晋升路径

1. 教师的晋升路径

教师的晋升通常需要考虑以下几个方面：

继续教育：继续教育对于教师的职业发展至关重要。教育领域不断变化和发展，教师需要不断更新知识和技能。参加专业发展课程、研讨会和研究项目可以提高教师的竞争力。

教育资格认证：在一些地区，教师需要取得特定的教育资格认证，才能晋升到更高级别的职位。确保拥有必要的教育认证对于教师职业发展至关重要。

教育经验：教育经验是教师晋升的重要因素。表现出色、获得学生和同事的认可以及积累教育经验都有助于教师的职业发展。

2. 学校管理的晋升路径

学校管理人员的晋升路径通常包括以下要素：

教育背景和资格：从副校长到校长或学区领导，通常需要具备教育背景和相应的资格认证。拥有硕士学位或博士学位通常有助于提升到更高级别的职位。

教育领导培训：参与专门的教育领导培训计划可以帮助管理人员发展领导技能和管理能力。

行政经验：管理人员通常需要在行政领域积累经验，这可能包括在不同学校或学区担任不同职务，积累管理经验。

绩效和领导力：表现出色、有效地管理学校资源、改善学校绩效和领导教育改革通常会增加管理人员的晋升机会。

3.教育专家和研究员的晋升路径

教育专家和研究员的晋升通常需要考虑以下几个方面：

研究产出：研究者通常需要在他们的领域内发表研究论文、获得研究资助，并参与学术研究项目，以证明他们的专业知识和能力。

教育教学：在学术机构工作的研究员可能需要在教育方面表现出色，包括教授课程、指导学生和获得学生的认可。

政策参与：参与教育政策制定和改革是提升研究员地位和影响力的途径，他们可以在政府机构、非营利组织或国际组织中担任政策咨询角色。

继续学习和专业发展：继续学习和持续专业发展对于研究员的晋升和职业成功至关重要，因为教育领域的知识和方法不断演变。

教育行业内的晋升机会与路径是多样的，允许从业者在不同职位和领域中实现个人和职业目标。无论是作为教师、学校管理人员还是教育专家和研究员，每个人都有机会追求职业成功和满足。在教育行业内实现职业晋升需要明确的职业目标，不断学习和培训，积累丰富的经验和成就，以及建立强大的专业网络。

第六章 高职院校虚拟仿真实训基地与企业合作机制研究

第一节 与企业合作的背景与必要性

一、高职院校与企业合作的背景与动机

随着全球经济的不断发展和社会需求的变化,高职院校与企业之间的合作关系日益重要。这种合作旨在实现教育、培训和产业发展的良性循环,使学生能够更好地适应职业市场的需求,并帮助企业更好地满足技术和人才需求。

(一)背景

1. 技术和职业教育的重要性增加

随着科技和产业的不断发展,技术和职业教育变得愈发重要。这种教育不仅有助于学生获得实际技能,还有助于满足各种行业对于高技能和高素质人才的需求。高职院校在这方面发挥着重要作用,因为它们专注于提供与特定行业和职业相关的培训和教育。

2. 培养实用型人才的需求

传统的大学教育强调理论知识和学术研究,但现实世界需要更多的实际技能和职业素养。企业日益需要那些具备实际工作经验和技能的毕业生，而高职院校在培养实用型人才方面具有独特的优势。

3. 高校社会责任感的强化

高校逐渐认识到其在社会发展中的责任，包括为学生提供更好的就业机会和为社会培养所需的人才。与企业合作是实现这一目标的重要途径。

4. 技术和行业的不断进步

技术和行业不断发展和变革，需要不断更新的知识和技能。高职院校需要紧密跟踪这些变化，确保其课程和培训与实际需求保持一致。企业合作可以为高职院校提供及时的行业信息和资源。

5. 政府政策的支持

许多政府鼓励高职院校与企业合作，通过提供资金支持、税收激励和政策引导等方式，以促进技术和职业教育的发展。政府支持也为高职院校与企业之间的合作提供了动力。

（二）动机

高职院校与企业合作的动机多种多样，涵盖了各方的利益和需求，下面列举了一些主要动机：

1. 提高教育质量

高职院校通过与企业合作，可以更好地了解行业需求，更新课程内容，确保培养出与市场需求相符的毕业生。企业的实际经验和反馈有助于高职院校不断改进教学质量。

2. 增强学生就业竞争力

与企业合作可以为学生提供实际工作经验和职业技能培训，增强他们的就业竞争力。企业合作还可以为学生提供实习和实践机会，使他们更容易融入职场。

3. 实践机会和资源共享

企业合作可以为高职院校提供实践机会，包括实验室、工作场地和设备。这有助于学校提供更多的实际培训机会，帮助学生掌握所需的技能。

4. 产学研结合

高职院校与企业合作有助于实现产学研结合，促进科研成果的应用和产业发展。通过合作，可以推动创新和技术进步，满足市场需求。

5. 增加学校资源和资金

与企业合作可以为高职院校带来资金和资源支持，包括赞助、捐赠、设备支持等。这有助于学校改善设施、购买先进设备，提升教育质量。

6. 提升师资水平

与企业合作可以使高职院校的教师获得更多实际工作经验，了解最新行业动态，提高自身的教学水平。企业专家也可以为学校的教师提供培训和指导。

7. 增加学术研究机会

与企业合作有助于高职院校进行应用研究和解决实际问题。学术研究成果可以有助于推动产业发展，为企业提供解决方案。

8. 增强社会责任感

与企业合作使高职院校能够更好地履行社会责任，为社会提供所需的技术和人才。这也有助于提高高校的社会声誉和社会影响力。

9. 实现双赢

高职院校与企业的合作关系通常是一种双赢的局面。学校提供教育和培训，满足企业对人才的需求，而企业提供资源和支持，帮助学校提升教育质量。这种合作关系有助于促进双方的共同发展。

10. 适应市场需求

随着市场需求的不断变化，高职院校需要灵活调整课程和培训内容，以适应不同行业的需求。与企业合作使学校更容易了解市场趋势，及时调整教育内容，确保与时俱进。

11. 增加就业机会

与企业合作有助于扩大学生的就业机会。企业通常会招聘与其合作的高职院校的毕业生，因为他们具备所需的实际技能和经验。

12. 建立行业联系

通过与企业的合作，高职院校可以建立与行业内的重要联系。这些联系可以为学校提供更多的机会，包括参与行业活动、获得项目支持和开展合作研究。

综上所述，高职院校与企业合作的背景和动机多种多样，涵盖了学校、学生、企业和社会的各种需求和利益。这种合作关系有助于提高教育质量、满足市场需求、促进产业发展。通过积极开展合作，高职院校和企业可以共同推动教育和经济的发展，实现互惠互利的局面。

二、合作对学生职业发展的重要性

合作是一种在各个领域都有着深远影响的关键概念，对学生职业发展同样具有极其重要的作用。学生在校园生活中和将来的职业生涯中，都需要与他人合作，共同完成任务和解决问题。

（一）合作能力对个人职业成功的影响

1. 提高解决问题的能力

合作能力培养了学生的解决问题的技能，因为他们需要与他人一起思考和提出解决方案。在职场中，员工通常需要在团队中协作，共同解决复杂问题。通过校园中的合作经验，学生能够更好地适应并成功应对这种挑战。

2. 提高沟通技巧

合作要求有效的沟通，包括倾听他人的观点、表达自己的想法以及协调不同意见。这些沟通技巧在职业生涯中至关重要。员工需要能够与同事、上级和客户建立有效的沟通，以确保任务的顺利完成。

3. 提高适应性

合作有助于学生培养适应不同工作环境和不同工作风格的能力。学生在团队中学会了尊重和理解他人的差异，这种适应性是职业生涯中成功的关键因素之一。

4. 提高领导技能

在合作中，学生有机会担任领导角色，这有助于培养他们的领导技能。在职业生涯中，领导能力是非常重要的，能够领导和激励团队实现目标是成功的关键。

5. 建立职业网络

合作也有助于学生建立职业网络，与同学、教师和校友建立联系。这个职业网络可以在将来的职业生涯中提供支持和机会。

（二）合作对于培养学生的关键技能的重要性

1. 团队合作

学生通过合作学会了在团队中工作，这是职场中至关重要的技能。无论是在项目小组还是公司部门，员工都需要与他人协作，共同实现目标。

2. 解决冲突

合作中不可避免地会出现冲突，但学生通过处理这些冲突学会了解决问题的技能。这种冲突解决技能对于职场中的协调和合作至关重要。

3. 制订计划和目标

在合作中，学生需要制订计划和目标，确保任务按时完成。这有助于培养他们的时间管理和目标设定能力，这些能力在职业生涯中非常重要。

4. 制订决策

合作还要求学生参与制订决策，这有助于培养他们的决策能力。在职场中，员工需要能够做出明智的决策，以推动项目和组织向前发展。

5. 跟随和领导

在合作中，学生有机会既跟随领导，又担任领导角色，这有助于培养他们的跟随和领导技能。在职场中，员工需要既能够执行任务，又能够领导他人，以确保团队的成功。

第二节 合作机制的设计与建立

一、合作机制的制定与协议签署

高职院校合作机制的制定与协议签署是教育界和产业界共同合作的重要一环，旨在促进高职院校与各行各业之间的紧密合作，推动教育与产业的深度融合。

（一）背景

高职院校作为培养技术与职业人才的重要渠道，扮演着关键角色。然而，随着社会的不断发展和产业结构的变化，高职院校面临着多方面的挑战，包括教育资源不足、教育质量不高、学生就业难度大等问题。为了解决这些问题，高职院校需要积极寻求与产业界的合作，以确保他们的课程与实际需求保持一致。

（二）高职院校合作机制的制定

1. 明确合作目标

首先，高职院校需要明确合作的目标。合作的目标可以包括提高教育质量、加强学生实践能力、推动产学研结合等。明确的合作目标将有助于双方更好地规划合作的具体内容。

2. 合作机制的建立

在明确合作目标之后，高职院校需要建立合作机制，确定双方的权责和角色。合作机制应该包括合作的具体内容、合作周期、资金投入、合作方式等方面的规定。建立合作机制有助于明确双方的合作框架，减少合作过程中可能出现的不确定性。

3. 资源共享

合作机制的制定也应包括资源共享的安排。高职院校和产业界可以共享各自的资源，包括教育资源、研究资源、人力资源等。资源共享有助于提高合作效率，降低合作成本，促进双方的互惠互利。

4. 合作协议的制定

合作机制的制定应最终形成合作协议。合作协议应该详细规定合作的各个方面，包括合作的具体内容、合作的时间表、各方的权责等。合作协议是双方的法律文件，具有法律效力，有助于确保双方按照约定履行合作义务。

(三) 协议签署的重要性

协议签署是高职院校合作机制的制定过程中至关重要的一环。协议签署的重要性体现在以下几个方面：

1. 法律保障

协议签署将合作机制正式化，具有法律效力。这意味着双方必须按照协议的规定履行各自的义务，否则将承担法律责任。这为双方提供了法律保障，确保合作的顺利进行。

2. 明确合作内容

协议签署将合作的具体内容明确化，包括合作的范围、内容、时间表等。这有助于双方更好地理解合作的细节，避免后续的歧义和争议。

3. 激励双方履约

协议签署可以为双方提供激励，促使他们履行合作协议。一旦签署了协议，双方将受到合同的束缚，必须按照协议的规定执行。这有助于确保双方积极履行合作义务，推动合作目标的实现。

4. 提升信任度

协议签署也有助于提升双方的信任度。双方知道彼此已经承诺合作，会更有信心投入合作，相信对方会按照协议的规定履行合作义务。这有助于建立更加稳固的合作关系。

（四）建立有效的合作机制

要建立有效的合作机制，高职院校和产业界需要注意以下几个关键要点：

1. 明确合作目标

合作的第一步是明确合作目标。双方需要充分沟通，确保双方的期望和目标一致。只有在明确合作目标的基础上，合作才能有针对性地进行。

2. 建立合作机制

合作机制的建立非常关键。高职院校和产业界需要明确合作的方式、周期、资金投入等方面的规定，以确保合作的有序进行。

3. 资源共享

资源共享是合作机制的重要组成部分。高职院校和产业界可以根据各自的需求和优势，共享各种资源，包括教育资源、研究资源、人力资源、设备资源等。资源共享有助于提高合作效率，降低合作成本，使双方能够更好地互相补充和支持。

4. 建立沟通渠道

建立有效的沟通渠道对于合作的顺利进行至关重要。高职院校和产业界应建立定期的会议、报告、反馈机制等，以确保双方能够随时交流合作进展和问题。有效的沟通可以及时解决合作中可能出现的困难和矛盾，确保合作的顺利进行。

5. 制定合作协议

最终，双方需要制定合作协议，将合作机制正式化。合作协议应该包括明确的合作内容、时间表、权责分配、风险分担等方面的规定。协议的签署是合作机制的重要环节，具有法律效力，对双方都具有约束力。

6. 监督和评估

合作机制的建立后，需要进行监督和评估，以确保合作的顺利进行。

高职院校和产业界可以设立监督机构或专人负责监督合作进展，定期进行合作成果评估，及时发现问题并加以解决。

7.灵活性和调整

合作机制应具有一定的灵活性，以适应不断变化的环境和需求。双方应当能够根据实际情况对合作机制进行调整和优化，以确保合作的持续有效性。

高职院校合作机制的制定与协议签署对于推动教育与产业的深度融合，提高高职院校教育质量，促进学生就业等方面具有重要意义。通过明确合作目标、建立合作机制、资源共享、建立沟通渠道、制定合作协议、监督和评估等一系列步骤，可以建立有效的合作机制，确保合作的顺利进行。高职院校和产业界应共同努力，积极推动合作机制的建立和协议的签署，为培养更多的高素质技术与职业人才积极做出贡献。只有通过深度的合作，才能实现教育和产业的双赢局面，推动社会的可持续发展。

二、合作框架与责任分工

在当今全球化的世界中，合作框架和明确的责任分工对于各种组织和团队的成功至关重要。无论是企业合作，政府机构之间的协作，还是国际组织的合作，建立明确的合作框架和明确的责任分工都能够提高效率、降低冲突风险，并实现共同的目标。

（一）合作框架的概念

合作框架是一种组织结构或规划，用于协调不同实体或个体之间的合作活动。它可以包括各种元素，如合作协议、合同、沟通流程、目标设定、资源分配等。合作框架的主要目标是确保各方之间的协作能够有序进行，达到共同的目标，同时最大程度地减少冲突和不确定性。

合作框架通常包括以下要素：

合作协议：明确规定各方的权利和义务，包括目标、角色、责任、资源分配等。合作协议可以是正式的合同，也可以是口头协议，但必须清晰明了。

目标设定：明确定义合作的共同目标和期望的成果。这有助于各方明确工作重点，避免分歧和模糊不清的目标。

沟通流程：确立有效的沟通渠道和频率，以便各方能够及时分享信息、解决问题和协调工作。

资源分配：确定合作所需的资源，包括人力、财力、物力等，以确保各方能够充分支持合作活动。

决策机制：定义决策的方式和程序，包括如何解决争议和分歧。这可以帮助各方在合作中做出明智的决策。

监测和评估：建立监测和评估机制，以追踪合作活动的进展，并及时调整计划，确保达到预期的结果。

（二）责任分工的概念

责任分工是指在合作框架中明确每个参与方的角色和职责。它确保每个参与方都知道他们需要做什么，以便有效地履行其责任。责任分工可以通过合作协议、组织结构、工作分工等方式来实现。

责任分工的关键要素包括：

角色明晰：明确每个参与方的角色和职责，包括他们的职能、权利和义务。这有助于消除混淆和冲突。

互补性：确保各方的责任是互补的，而不是重叠或冲突的。这可以最大程度地发挥各方的专长和资源。

协调和沟通：建立有效的协调机制，以确保各方能够紧密合作，协调行动，并共享信息。

目标对齐：确保每个参与方的责任与共同的目标一致，以便合作活动能够有序进行。

监督和评估：建立监督和评估机制，以追踪各方的履行责任情况，并及时发现和解决问题。

（三）合作框架与责任分工的重要性

合作框架和责任分工在各种合作关系中都具有重要的作用。

提高效率：合作框架和责任分工有助于明确各方的角色和职责，避免重复工作和混淆，从而提高工作效率。

降低冲突风险：通过明确的合作框架和责任分工，可以减少各方之间的冲突和争议，因为每个人都知道他们的职责和权利。

实现共同目标：合作框架有助于确保各方都朝着共同的目标努力，而不是各自为政。这有助于实现更大的成功。

提高透明度：透明的合作框架和责任分工使各方能够更好地了解合作关系的运作方式，有助于建立信任和合作。

优化资源利用：明确的资源分配和责任分工可以确保资源得到最佳利用，避免浪费。

风险管理：合作框架和责任分工可以帮助各方识别和管理潜在的风险，从而减少不确定性。

可持续性：明确的合作框架和责任分工有助于建立长期稳定的合作关系，为可持续性合作提供基础。

问题解决：明确的责任分工可以帮助快速识别和解决问题。当问题出现时，各方知道谁负责采取行动，而不会出现责任模糊的情况。

持续改进：合作框架和责任分工不仅有助于解决问题，还有助于不断改进合作过程。通过监测和评估，各方可以识别改进的机会，并做出相应的调整。

总之，合作框架和责任分工是建立成功的合作关系的基础。它们有助于提高效率，降低冲突风险，实现共同的目标，优化资源利用，管理风险，解决问题，持续改进，提高信誉，以及确保可持续的合作。

第三节　企业参与实训过程的角色划分

一、企业在实训课程中的角色与职责

实训课程是现代教育体系中的重要组成部分，它为学生提供了更为实际的学习体验和技能培训机会。在实训课程中，学生通过亲身参与项目、模拟实践和与专业人士互动，获得了与课堂教学相辅相成的实际经验。而在这一过程中，企业扮演了重要的角色，为实训课程的成功实施提供了关键支持。

（一）企业在实训课程中的角色

1. 合作伙伴

企业在实训课程中充当合作伙伴的角色。他们与教育机构建立合作关系，共同设计和实施实训课程，以确保课程内容与职业领域的最新趋势和需求保持一致。这种紧密的合作有助于学校更好地满足行业的需求，同时也让学生能够获得更为实际和有用的培训。

2. 提供资源

企业为实训课程提供必要的资源，包括设备、技术和实际项目。这些资源可以让学生在真实的工作环境中练习和应用他们所学到的技能，从而提高他们的职业素质。此外，企业还可以提供经济支持，帮助学校购买必要的设备和工具。

3. 专业知识

企业为学生提供专业知识和经验，让他们能够了解行业内的最佳实践和最新趋势。这种知识的传授可以通过企业代表的讲座、导师制度和实际项目中的指导实现。学生从企业专家那里获得的指导和见解可以帮助他们

更好地准备职业生涯。

4. 提供实际工作机会

企业可以为学生提供实际工作机会，例如实习、兼职或暑期工作。这些机会让学生能够在真实工作环境中应用他们所学到的技能，积累实际工作经验。通过与企业的联系，学生有机会建立职业网络并找到未来的职业机会。

5. 评估学生表现

企业可以参与学生表现的评估，提供有关他们的工作表现和能力的反馈。这种反馈有助于学生了解自己的优势和改进的空间，并可以指导他们在职业生涯中的发展方向。此外，学校和企业可以共同制定评估标准，确保学生毕业后具备所需的技能和素质。

6. 支持职业发展

企业还可以支持学生的职业发展，提供就业机会、招聘活动和职业咨询。他们可以与学校合作，举办招聘会和职业讲座，为学生提供了解行业和就业市场的机会。通过这种支持，学生可以更容易地融入职业世界，并找到与他们的学习和兴趣相关的职业机会。

7. 参与课程改进

企业在实训课程中还可以参与课程的改进和更新。他们可以提供反馈意见，建议课程内容的调整，以更好地满足行业需求。这种合作可以确保课程保持与时俱进，与行业的发展保持一致。

（二）企业在实训课程中的职责

1. 提供支持和资源

企业的首要职责是为实训课程提供支持和资源。他们应该提供必要的设备、技术和资金，以确保学生能够在实际项目中获得充分的实践经验。企业还可以提供专业知识和经验，帮助学校设计和实施与行业需求相符的课程。

2. 担任导师和指导者

企业可以担任学生的导师和指导者，指导他们在实际项目中的工作。这种导师制度有助于学生更好地理解行业内的最佳实践和要求，同时也可以提供个人化的指导，帮助学生发展他们的技能和职业素质。

3. 提供实习和工作机会

企业应该为学生提供实习和工作机会，以让他们能够在真实工作环境中应用所学到的知识和技能。这种机会可以为学生提供宝贵的实际工作经验，帮助他们更好地准备职业生涯。企业还可以与学校合作，建立实际工作项目，为学生提供机会参与。

4. 参与评估和反馈

企业应该参与学生的评估过程，提供有关他们的工作表现和能力的反馈。这种反馈有助于学校了解学生在实际工作中的表现，以及他们是否满足了行业的要求。企业的参与还可以帮助学生了解自己的优势和改进的空间，以便更好地发展职业。

5. 参与课程规划和改进

企业应该参与课程的规划和改进过程。他们可以提供反馈意见，建议如何调整课程内容，以更好地满足行业的需求。企业的专业知识和经验可以帮助学校保持课程与最新趋势和技术的一致性。

6. 担任职业发展伙伴

企业可以担任学生的职业发展伙伴，提供就业机会、招聘活动和职业咨询。他们可以与学校合作，举办招聘会和职业讲座，为学生提供了解就业市场和职业机会的机会。企业还可以提供职业指导，帮助学生找到与他们的学习和兴趣相关的职业路径。

7. 保护学生权益

企业在实训课程中应该确保学生的权益和安全。他们应该提供合适的工作环境，确保学生不受伤害，并遵守相关法规和规定。企业还应该为学生提供合理的薪酬和福利，以确保他们在实习和工作中得到公平对待。

8. 促进多样性和包容性

企业在实训课程中还应该促进多样性和包容性。他们应该提供平等的机会，不论学生的背景、性别、民族或其他特征如何。企业可以制定政策和措施，以确保多元化的工作环境，并为学生提供平等的机会。

（三）企业对学生职业发展的影响

企业在实训课程中的角色和职责对学生的职业发展产生了积极的影响。以下是一些主要影响：

实际工作经验：企业提供学生实习和工作机会，使他们能够在真实的工作环境中应用所学到的知识和技能。这种实际工作经验可以为学生的职业生涯奠定坚实的基础，并提高他们的就业竞争力。

专业知识和经验：企业提供专业知识和经验，让学生能够了解行业内的最佳实践和最新趋势。这种知识的传授可以帮助学生更好地准备职业生涯，提高他们的职业素质。

职业网络：通过与企业互动，学生有机会建立职业网络。这些联系可以为学生提供未来的职业机会，帮助他们找到与他们的学习和兴趣相关的职业。

就业机会：企业可以为学生提供就业机会，帮助他们顺利进入职业市场。这种支持可以加速学生的职业发展，为他们提供更多的职业选择。

实际反馈：企业的参与可以为学生提供有关他们的工作表现和能力的实际反馈。这种反馈有助于学生了解自己的优势和改进的空间，并指导他们在职业生涯中的发展方向。

职业指导：企业可以为学生提供职业指导，帮助他们找到与他们的学习和兴趣相关的职业路径。这种支持可以为学生提供职业规划的指导，帮助他们实现职业目标。

企业在实训课程中扮演着重要的角色，为学生的职业发展和教育质量提供了关键支持。他们的合作伙伴角色、资源提供者角色、导师和指导者角色以及职业发展伙伴角色都对学生产生了积极的影响。通过与企业的合作，学生能够获得更为实际的学习体验，提高他们的职业素质，并为未来的职业生涯做好充分准备。因此，教育机构和企业应该继续加强合作，以确保实训课程的成功实施，为学生的职业成功提供更多的机会和支持。

二、学校与企业的沟通与协调机制

学校与企业之间的紧密合作对于教育体系的完善和学生的职业发展至关重要。通过建立有效的沟通与协调机制，学校和企业可以更好地协同工作，确保教育体系与职业市场的需求相符，同时也为学生提供更多实践机会和职业发展支持。

（一）学校与企业合作的重要性

学校与企业之间的合作对于多方面都具有积极的影响，包括学生、学校和企业本身。

1. 对学生的影响

实践机会：学校与企业的合作可以为学生提供实践机会，让他们在真实工作环境中应用所学知识和技能，从而增加职业竞争力。

职业发展支持：学生可以通过与企业建立联系，获得职业发展支持，包括职业指导、实习和就业机会。

职业素质提升：企业的专业知识和实际经验可以帮助学生更好地了解行业内的最佳实践和最新趋势，提高职业素质。

2. 对学校的影响

课程优化：学校可以通过与企业合作，更好地了解行业需求，从而调整和优化课程内容，确保教育体系与职业市场保持一致。

资源支持：企业可以为学校提供必要的资源，包括设备、技术和资金，以支持实践项目和课程改进。

提高教育质量：学校与企业的合作可以提高教育质量，确保学生毕业后具备所需的技能和素质。

3. 对企业的影响

人才储备：企业可以通过与学校合作，建立人才储备，为未来的发展提供有潜力的员工。

创新和研发：企业可以与学校合作进行研究和创新项目，共同推动行业的发展和技术进步。

社会责任：企业通过支持教育体系，履行社会责任，同时也可以提高其在社会中的声誉。

因此，学校与企业之间的合作是一种双赢的关系，对各方都具有积极的影响。

（二）学校与企业沟通与协调机制的建立

建立有效的学校与企业沟通与协调机制是确保合作成功的关键。以下是建立这种机制的关键步骤：

1. 明确目标和期望

首先，学校和企业需要明确他们合作的目标和期望。这包括确定合作的具体领域，如实习、项目合作、课程开发等。明确的目标有助于双方更好地理解合作的范围和目的。

2. 建立联系人和团队

学校和企业应该指定专门的联系人和团队，负责合作项目的管理和协调。这些联系人可以作为信息传递的桥梁，确保双方保持沟通并解决潜在问题。

3. 确立沟通渠道

双方需要明确沟通渠道，包括定期会议、电子邮件、电话和在线平台。这些渠道应该能够有效地传递信息和反馈，以确保合作顺利进行。

4. 制定合同和协议

学校与企业之间的合作应该有明确的合同和协议，明确各方的责任和权利。这些文件应该包括合作项目的时间表、预期成果、经济支持和其他相关条款。

5. 定期评估和反馈

学校与企业应该定期评估合作项目的进展，并提供反馈。这有助于及时发现问题并采取纠正措施，以确保合作项目的成功。

6. 建立信任和互信

信任是学校与企业合作成功的关键。双方应该建立互信关系，尊重对方的观点和需求，共同努力实现合作目标。

7. 解决冲突和问题

在合作过程中，可能会出现冲突和问题。学校和企业需要建立解决问题的机制，确保问题得到及时解决，不影响合作的进展。

（三）学校与企业沟通与协调机制的维护和改进

建立沟通与协调机制后，学校和企业需要定期维护和改进这些机制，以确保合作的持续成功。

1. 定期评估

双方应定期评估沟通与协调机制的效果，以确定其中的优点和问题。这些评估可以帮助双方了解哪些方面需要改进，并采取相应的措施。通过不断地审查和评估，学校和企业可以确保他们的合作机制保持有效和高效。

2. 持续培训和发展

学校和企业的联系人和团队需要不断更新他们的知识和技能，以适应不断变化的合作环境。这可以通过培训和发展计划来实现，以确保他们具备必要的沟通和协调技能。

3. 扩大合作领域

学校和企业可以不断扩大合作的领域，以涵盖更多的项目和领域。这可以帮助他们更全面地满足行业的需求，为学生提供更多的实践机会。

4. 制定共同目标

双方可以共同制定明确的目标和愿景，以指导合作的方向和发展。共同的目标可以增强双方的合作动力，确保他们朝着共同的目标努力。

5. 创新合作方式

学校和企业可以不断创新合作方式，以适应不断变化的教育和职业环境。这包括采用新的技术和方法，以提高合作的效率和效果。

6. 建立长期合作关系

长期合作关系可以为学校和企业带来更多的益处。双方可以建立长期的合作计划，以确保合作关系得以延续，并不断发展。

学校与企业之间的沟通与协调机制对于教育体系和职业市场的完善至关重要。通过建立明确的目标、有效的沟通渠道、合同和协议，学校和企业可以更好地合作，共同推动学生的职业发展和教育质量的提高。持续的维护和改进可以确保合作机制保持有效和高效，为学生、学校和企业本身带来更多的好处。因此，学校和企业应该认识到合作的重要性，积极建立和维护沟通与协调机制，以实现共同的目标和愿景。这样的合作将为社会的发展和进步做出贡献，创造更多的机会。

第四节 虚拟仿真实训基地的资源共享与互补

一、虚拟仿真实训基地与企业资源整合

虚拟仿真实训基地和企业资源整合是一种创新性的合作方式，它将教育机构和企业资源有效整合在一起，为学生提供更实际的学习体验和职业培训机会。虚拟仿真实训基地是一种模拟真实工作环境的教育工具，它可

以模拟各种职业场景，让学生通过虚拟实践获得实际经验。与此同时，企业资源包括专业知识、技术、设备和实际项目，可以为学生提供与职业领域相关的实践机会。

（一）虚拟仿真实训基地与企业资源整合的意义

1. 提供实际学习体验

虚拟仿真实训基地模拟真实工作环境，使学生能够在安全的虚拟环境中进行实际实践。这种实际学习体验可以帮助学生更好地理解和应用所学知识和技能，增加他们的职业竞争力。

2. 满足职业领域需求

企业资源通常包括最新的技术和实际项目，可以满足职业领域的需求。通过整合企业资源，虚拟仿真实训基地可以确保培训内容与行业趋势和需求保持一致，帮助学生更好地准备职业生涯。

3. 提高教育质量

虚拟仿真实训基地和企业资源整合可以提高教育质量。学生可以通过实际操作和实践项目来巩固所学知识，提高他们的技能水平。这有助于确保学生毕业后具备所需的技能和素质。

4. 培养职业素质

虚拟仿真实训基地与企业资源整合还可以培养学生的职业素质。他们可以通过与企业专业人士互动，学习职业道德和行为准则，了解职场文化，为职业生涯做好准备。

5. 增加就业机会

通过与企业资源整合，学生有机会参与实际项目，建立职业网络，获得实习和就业机会。这有助于提高学生就业的机会和成功的可能性。

（二）虚拟仿真实训基地与企业资源整合的优势

实际体验：虚拟仿真实训基地模拟真实工作环境，为学生提供实际体验，帮助他们更好地理解和应用所学知识和技能。

灵活性：虚拟仿真实训基地可以模拟各种职业场景，具有很大的灵活性，可以适应不同领域和职业的需求。

资源丰富：企业资源通常包括最新的技术、设备和实际项目，可以为学生提供与职业领域相关的实践机会。

教育质量提高：虚拟仿真实训基地与企业资源整合可以提高教育质量，确保学生毕业后具备所需的技能和素质。

（三）虚拟仿真实训基地与企业资源整合的方法

学校和企业可以签订合作协议，明确双方的合作范围、目标和责任。合作协议可以确保合作双方遵守约定，共同推动项目的实施。

1. 教育计划

学校可以根据企业资源的可用性，调整教育计划，将虚拟仿真实训基地与实际项目整合在一起。这可以确保学生在学习过程中获得更多的实际经验。

2. 教育技术

虚拟仿真实训基地通常使用教育技术来模拟职业场景。学校可以与企业合作，使用最新的技术和工具，以提供更为真实的学习体验。

3. 导师制度

学校可以与企业合作，建立导师制度，让学生在实际项目中得到指导和支持。导师可以是企业专业人士，帮助学生应用所学知识和技能。

4. 实践项目

学校和企业可以共同开展实践项目，让学生参与其中。这些项目可以模拟真实工作环境，为学生提供实际经验。

5. 职业网络

通过与企业合作，学生有机会建立职业网络，了解行业状况和职业机会。这可以通过参与企业活动、实习和项目合作来实现。建立职业网络有助于学生找到未来的职业机会和发展方向。

6. 双方培训

学校和企业可以进行双方培训，以确保双方了解合作的目标、需求和期望。这有助于双方更好地协同工作，推动合作项目的成功。

7. 持续评估

学校和企业应该定期评估合作项目的进展，并提供反馈。这有助于及时发现问题并采取纠正措施，以确保合作项目的成功。

（四）虚拟仿真实训基地与企业资源整合的案例

1. 医学仿真实训中心

许多医学学校与医院合作建立医学仿真实训中心，模拟临床环境，为医学学生提供实际实践机会。这些中心通常配备了高级仿真模型和设备，模拟手术和病患照顾场景。医院提供专业知识和实际项目，学生通过参与实际临床工作来巩固所学知识和技能。

2. 工程实训项目

工程学院可以与工程公司合作，开展工程实训项目。学生可以参与实际项目，从事设计、建设和监督工程项目。企业提供实际项目和专业知识，学生通过实际操作来提高技能水平。

3. 虚拟军事演练

军事学院与军队合作，建立虚拟军事演练中心，模拟战场环境。学生通过虚拟演练来学习战术和军事技能。军队提供专业知识和实际项目，帮助学生准备未来的军事职业。

4. 商业模拟实验室

商学院可以与企业合作，建立商业模拟实验室，模拟商业运营环境。学生可以参与实际项目，从事市场研究、产品开发和商业计划制定。企业提供实际项目和商业经验，帮助学生了解商业世界。

5. 虚拟现实游戏开发项目

计算机科学学院与游戏开发公司合作，开展虚拟现实游戏开发项目。

第六章　高职院校虚拟仿真实训基地与企业合作机制研究

学生可以参与游戏开发，学习编程和游戏设计。游戏公司提供实际项目和游戏开发知识，帮助学生进入游戏行业。

以上案例示范了虚拟仿真实训基地与企业资源整合的不同领域和方式。这种合作方式有助于学生获得更实际的学习体验和职业培训机会，同时也可以提高教育质量，满足职业领域的需求，增加就业机会。

虚拟仿真实训基地与企业资源整合是一种创新性的合作方式，可以为学生提供更实际的学习体验和职业培训机会。通过模拟真实工作环境和整合企业资源，学校可以提高教育质量，确保学生具备所需的技能和素质。这种合作方式有助于学生就业，满足职业领域的需求，增加就业机会。因此，学校和企业应积极合作，开展虚拟仿真实训项目，共同推动学生的职业发展和教育质量的提高。这样的合作将为社会的发展和进步做出贡献，创造更多的机会和希望。

二、双方资源互补与优势发挥

在今天的全球化和竞争激烈的环境中，资源互补和优势发挥对于机构、企业和组织的成功至关重要。资源互补是指不同实体之间的资源、能力和经验互相补充，以实现更大的协同效益。优势发挥是指充分发挥各方的长处和潜力，以取得最佳结果。

（一）双方资源互补与优势发挥的重要性

1. 创造更大的价值

资源互补和优势发挥可以创造更大的价值。当不同实体之间合作并充分发挥各自的优势时，可以实现更高的效率和生产力，提供更好的产品和服务，从而为市场和社会创造更大的价值。

2. 解决挑战和问题

双方资源互补和优势发挥可以帮助解决各种挑战和问题。不同实体之间的合作和协同可以集中专业知识和经验，以应对复杂的问题和难题。这种合作有助于加速问题的解决和创新。

3. 提高竞争力

资源互补和优势发挥有助于提高竞争力。通过合作，企业和组织可以更好地满足市场需求，提供更好的产品和服务，同时也可以降低成本，提高效率。这有助于在竞争激烈的市场中脱颖而出。

4. 促进可持续发展

资源互补和优势发挥有助于可持续发展。通过合作，企业和组织可以更好地管理资源，减少浪费，降低对环境的影响。这有助于实现经济、社会和环境的平衡。

5. 提高创新能力

合作和协同有助于提高创新能力。不同实体之间的合作可以汇集不同的思维和创意，促进创新和新产品的开发。这有助于保持竞争优势和不断发展。

(二) 双方资源互补与优势发挥的方法

1. 识别资源和优势

首要步骤是识别各方的资源和优势。这包括资产、技能、经验和关系。了解各方的资源和优势是资源互补和优势发挥的基础。

2. 建立合作关系

建立合作关系是资源互补和优势发挥的关键。各方需要明确合作的目标和期望，签订合作协议，并确定责任和权利。建立信任和合作关系是成功的合作的基础。

3. 共享知识和信息

资源互补和优势发挥需要共享知识和信息。各方应该开放和透明，分享重要的信息和数据。这有助于更好地理解彼此的需求和机会。

4. 协同工作

协同工作是资源互补和优势发挥的关键环节。各方应该共同制定计划和战略，合作解决问题，共同开展项目，共同推动目标的实现。

5.持续评估和改进

资源互补和优势发挥需要持续评估和改进。各方应该定期审查合作关系，检查目标的实现情况，提供反馈，采取措施以改进和提高效率。

(三)双方资源互补与优势发挥的案例

1.联合研发项目

许多跨国公司通过联合研发项目来实现资源互补和优势发挥。不同公司合作开展研发项目，共享知识和技术，加快新产品的开发。

2.跨行业合作

不同行业的企业可以通过跨行业合作来实现资源互补和优势发挥。例如，汽车制造商和电池制造商可以合作开发电动汽车，利用各自的技术和经验。

3.跨国合作

跨国公司可以通过跨国合作来实现资源互补和优势发挥。多个国家的分支机构可以合作，共同开展国际项目，满足多样化市场的需求。

4.社会组织合作

社会组织可以通过合作来实现资源互补和优势发挥。不同组织可以合作解决社会问题，共同推动可持续发展和社会进步。

5.教育和研究合作

教育机构和研究机构可以通过合作来实现资源互补和优势发挥。合作项目可以包括共同研究、学术交流和实践项目，提高教育和研究的质量。

以上案例示范了资源互补和优势发挥在不同领域和层面的应用。这些案例表明，通过合作和协同工作，各方可以实现更大的协同效益，创造更多的价值，解决挑战和问题，提高竞争力，促进可持续发展，提高创新能力。

(四)双方资源互补与优势发挥对个人、组织和社会的影响

1.对个人的影响

个人可以通过资源互补和优势发挥获得更多的机会和支持。合作和协

同可以加速个人的职业发展，提高职业竞争力。个人可以借助合作关系扩展自己的网络，获取更多的知识和经验，实现个人和职业目标。

2. 对组织的影响

组织可以通过资源互补和优势发挥提高效率和生产力。合作和协同可以降低成本，提高质量，提供更好的产品和服务。组织可以通过合作关系进一步扩展市场，实现增长和可持续发展。

3. 对社会的影响

资源互补和优势发挥对社会的影响是深远的。社会可以通过合作关系解决各种社会问题，推动可持续发展和社会进步。合作可以加强社会凝聚力，促进共同利益，创造更多的机会。

资源互补和优势发挥是一种重要的合作方式，有助于创造更大的价值，解决挑战和问题，提高竞争力，促进可持续发展，提高创新能力。通过合作和协同工作，各方可以实现更大的协同效益，创造更多的机会。因此，资源互补和优势发挥应该被视为一种关键战略，被广泛采用和推动，以推动个人、组织和社会的发展和进步。这种合作方式可以为社会的发展和进步做出贡献，创造更多的机会和希望。

第五节 合作模式的评估与持续优化

一、合作模式的绩效评估与数据收集

合作模式在各种领域中被广泛采用，包括企业合作、国际合作、学校与企业合作等。然而，为了确保合作的有效性和可持续性，需要对合作模式进行绩效评估，并进行数据收集以支持评估过程。绩效评估和数据收集不仅有助于了解合作项目的进展和效果，还可以为未来的决策和改进提供

重要信息。

(一) 合作模式的绩效评估概述

绩效评估是一个系统性的过程，用于评估合作模式的效果、效率和影响。绩效评估的目标包括：

了解合作模式的目标是否得到实现。

评估资源的使用效率，包括时间、资金和人力资源。

确定合作模式的影响，包括对参与者和相关方的影响。

识别合作模式的问题和机会，以制定改进计划。

绩效评估通常涉及定量和定性数据的收集、数据分析和评估结果的报告。评估结果可以用于支持决策、政策制定和公众沟通。

合作模式的绩效评估包括以下关键步骤：

制定明确的评估目标和指标：在开始绩效评估之前，需要明确定义评估的目标和关键绩效指标。这些指标应该与合作模式的目标和使命相关，并能够量化效果。

数据收集和分析：根据明确定义的指标，收集相关数据。数据可以包括定量数据（如合作项目的成本、收益、参与人数）和定性数据（如合作项目的影响、质量评估）。然后，对数据进行分析，以了解合作模式的效果和效率。

结果报告和反馈：将评估结果报告给合作伙伴和相关方，以共享发现和建议。这可以帮助改进合作模式，解决问题，并制订未来的战略计划。

持续改进：利用评估结果制定持续改进计划，以优化合作模式的效果和效率。改进计划应该基于实际数据和合作伙伴的反馈。

合作模式的绩效评估是一个动态的过程，需要定期进行，以确保合作项目能够持续发展和取得成功。

(二) 学校与企业的合作的绩效评估与数据收集

学校与企业的合作是为了给学生提供实践机会、培训和职业发展支持。

以下是学校与企业合作的绩效评估和数据收集策略：

学生就业率评估：评估合作项目对学生就业率的影响。这可以通过追踪毕业生的就业情况、职业发展和薪酬水平来实现。

学生满意度调查：了解学生对合作项目的满意度，包括教学质量、实践机会、职业支持等。这可以通过定期进行学生满意度调查来实现。

合作项目质量评估：评估合作项目的质量，包括教育内容、实践机会、导师支持等。这可以通过内部评估、外部审核和教育质量框架来实现。

合作企业评价：获取合作企业的评价，了解他们对合作项目的满意度和学生表现的看法。这可以通过合作企业的反馈和评估来实现。

数据分析和报告：将收集的数据进行分析，以确定学校与企业合作项目的效果和效率。将结果报告给学校、合作企业和学生，以共享发现和建议。

持续改进：根据评估结果，制定持续改进计划，以优化学校与企业合作项目的效果。这可能包括改进课程、拓展实践机会、加强导师支持等。

（三）数据收集方法与工具

数据收集是绩效评估的关键步骤，它需要采用适当的方法和工具来获取相关信息。以下是一些常用的数据收集方法和工具：

调查和问卷调查：定期进行调查和问卷调查，以获取参与者和相关方的意见和反馈。这可以帮助了解满意度、需求、问题和建议。

定性研究：采用定性研究方法，如焦点小组讨论、深度访谈和案例研究，以深入了解合作项目的影响和效果。

数据分析工具：使用数据分析工具，来处理和分析大量数据。

社交媒体分析：监测社交媒体平台上的讨论和反馈，以了解公众对合作项目的看法和反应。

定量指标和指标体系：建立定量指标和指标体系，以跟踪合作项目的进展和效果。这可以包括关键性能指标（KPI）、成本效益分析、社会经济

第六章 高职院校虚拟仿真实训基地与企业合作机制研究

指标等。

数据库和信息系统：建立数据库和信息系统，用于存储和管理数据，以支持绩效评估和报告。

合作伙伴反馈：获取合作伙伴的反馈和建议，以了解他们对合作项目的看法和建议。这可以通过会议、电子邮件、定期电话会议等方式来实现。

充分利用数据收集方法和工具可以提供详细的信息，支持绩效评估过程，并为决策和改进提供有力的依据。

合作模式的绩效评估和数据收集是确保合作项目成功和可持续性的关键步骤。不同类型的合作项目需要采用不同的绩效评估方法和数据收集策略，以满足其独特的目标和需求。绩效评估和数据收集可以提供决策支持、改进机会和透明度，有助于确保合作项目能够实现其目标并产生积极的影响。

在进行绩效评估和数据收集时，需要充分考虑数据隐私和伦理问题，以确保参与者的权利和隐私得到尊重。定期的绩效评估和数据收集可以帮助合作项目不断改进和适应变化的环境，以实现更大的成功和可持续性。

二、合作关系的改进与创新

合作关系在学校与企业合作中都扮演着重要的角色。合作可以带来协同效应，加强资源整合，创造更大的价值。然而，合作关系也需要不断改进和创新，以适应变化的环境和需求，确保持续的成功和可持续性。本书将探讨合作关系的改进和创新策略，以帮助各种合作项目更好地实现其目标和使命。

（一）合作关系的创新策略

创新是确保合作关系持续成功的关键因素。以下是一些合作关系创新策略：

探索新的合作领域：寻找新的合作领域和机会，以拓宽合作关系的范围。这可以带来新的创新和增长机会。

创新合作模式：尝试新的合作模式和结构，以适应不断变化的需求和市场。

利用技术和数字化：利用技术和数字化工具，以提高合作关系的效率和效益。这可以包括在线协作工具、大数据分析、云计算等。

创新项目和解决方案：开展创新项目和解决方案，以满足市场需求和社会问题。这可以包括产品创新、服务创新、社会创新等。

开展研发和创新合作：与合作伙伴合作开展研发和创新项目，以共同推动技术和产品创新。

持续学习和适应：鼓励各方进行持续学习和适应，以适应变化的环境和市场。学习可以包括培训、研究、合作案例研究等。

激励创新：提供激励措施，鼓励各方提出新的想法和解决方案。激励可以包括奖励、认可、提升等。

创新是持续成功的关键，它可以带来竞争优势、增长机会和社会影响。通过不断创新合作关系，各方可以实现共同的目标，创造更多的价值。

（二）挑战和解决方案

尽管合作关系的改进和创新带来了许多好处，但也存在一些挑战。以下是一些常见的挑战以及相应的解决方案：

文化差异：校园文化与企业文化会存在某些差异，这些文化差异可能会导致误解和沟通问题。解决这一挑战的方法包括建立文化培训和教育计划，加强文化敏感性和意识，以及建立文化多元性团队。

利益冲突：各方可能有不同的利益和目标，这可能导致合作关系的紧张和冲突。解决这一挑战的方法包括制定清晰的合作协议，诚实和开放地讨论问题，找到共同的目标和解决方案。

变化的环境：外部环境的变化可能会对合作关系产生影响，如市场变化、政策变化、技术进步等。解决这一挑战的方法包括灵活应对变化，定期评估合作关系的绩效，调整战略和目标。

变化的需求：各方的需求可能随时间而变化，需要合作关系适应新的需求。解决这一挑战的方法包括定期进行需求分析，了解各方的需求，制定相应的计划和策略。

数据隐私和伦理问题：在数据收集和共享方面可能涉及数据隐私和伦理问题，需要妥善处理。解决这一挑战的方法包括建立数据隐私政策，获得参与者的同意，遵守相关法律和法规。

改进和创新合作关系的挑战需要综合考虑，采取多种方法和策略，以确保合作关系能够持续成功和有成效。

合作关系的改进和创新对于实现共同的目标和使命至关重要。通过制定明确的目标和期望、建立强大的沟通机制、确保透明度和公平性、设立清晰的合作协议、建立互信关系、进行绩效评估、接受反馈和建议、灵活应对变化、提供培训和发展，合作关系可以得到改进。

第七章　高职院校虚拟仿真实训基地的可持续发展策略

第一节　可持续发展的理论基础

一、可持续发展概念与原则

可持续发展是一个在当今世界日益重要的概念，涉及社会、经济和环境方面的平衡发展。它强调了人类活动对未来世代的影响，以及如何在不损害未来世代的资源和生活质量的情况下，满足当前的需求。

（一）可持续发展的概念

可持续发展的概念是在 20 世纪末逐渐形成的，旨在解决社会、经济和环境问题，实现长期的繁荣。以下是可持续发展的核心概念：

综合性：可持续发展是一个综合性的概念，涉及社会、经济和环境方面的平衡。它考虑到各种层面的可持续性，包括社会公平、经济增长和环境保护。

长期性：可持续发展关注未来世代的需求和权益。它强调了当前决策对未来世代的影响，追求长期的发展。

平衡性：可持续发展追求各种需求和利益的平衡。它试图找到社会、经济和环境之间的平衡，以满足当前需求，同时不损害未来的资源和生活质量。

参与性：可持续发展强调了各种利益相关者的参与和合作。它鼓励政府、企业、社会组织和公众一起合作，共同制定和实施可持续发展战略。

科学性：可持续发展依赖科学和研究来制定政策和策略。它需要综合数据和信息，以支持决策和行动。

革新性：可持续发展需要创新和新技术的采用，以实现更高效、更环保的解决方案。它鼓励企业和政府采用创新的方法，以提高资源利用效率。

（二）可持续发展的原则

可持续发展的原则是指导可持续发展实践的基本准则和价值观。以下是一些常见的可持续发展原则：

继承性：维护和传递资源、生态系统和文化遗产给未来世代，以满足他们的需求。

公平性：确保社会公平和公正，以减少不平等和排除，提高生活质量。

参与性：鼓励各方参与决策制定和实施，以确保决策能够满足各方的需求和关切。

预防性：采取预防措施，减少不可逆的环境和社会破坏，防止问题恶化。

效率性：提高资源的利用效率，减少浪费和资源枯竭，以满足当前和未来的需求。

综合性：综合考虑社会、经济和环境的关系，以实现平衡和协调的发展。

科学性：依赖科学和研究来支持决策和行动，确保基于证据的决策。

可持续性：确保可持续发展的战略和行动是可持续的，不会对未来资源和生活质量造成危害。

创新性：鼓励创新和新技术的采用，以实现更高效、更环保的解决方案。

这些原则提供了指导可持续发展实践的方向,帮助政府、企业和社会组织制定战略和政策,以实现可持续发展目标。

(三) 可持续发展的应用领域

可持续发展的概念和原则在各个领域中都具有广泛的应用。以下是一些主要领域的可持续发展应用:

环境保护:可持续发展的一个核心方面是环境保护。在这个领域,可持续发展原则鼓励减少污染、保护自然资源、保护生态系统的多样性和平衡生态系统的恢复。这包括减少温室气体排放、降低能源消耗、加强废物管理、保护森林和海洋等。可持续发展在环境领域的应用有助于保护地球的生态系统,维护生态平衡,减轻气候变化和减少自然灾害。

经济发展:可持续发展要求经济增长不仅要满足当前的需求,还要考虑未来的需求。它强调了资源的有效管理、创新和技术的采用,以提高经济效益。在经济领域,可持续发展的应用包括推动绿色经济、促进可再生能源、鼓励可持续农业和渔业等。这有助于减少资源枯竭、提高生活质量和增加就业机会。

社会公平:可持续发展追求社会公平和公正,减少不平等和排除。在社会领域,它鼓励提高教育水平、提供平等的医疗保健、确保就业机会、消除贫困和饥饿等。可持续发展在社会领域的应用有助于提高生活质量,改善社会和文化条件,减少社会不平等。

教育:可持续发展需要教育社会大众,以确保各方了解可持续发展的原则和重要性。这包括教育学生、公众、政府和企业,以提高他们的可持续发展意识。可持续发展的教育和宣传有助于培养可持续发展的价值观和行动,推动可持续发展的实践。

城市规划:城市化是一个重要的全球趋势,城市规划是可持续发展的一个关键领域。在城市规划中,可持续发展原则鼓励提高城市的可持续性,包括改善交通、保护绿地和提供公共服务。这有助于减少城市问题，如空气污染、交通拥堵。

农业和食品生产：农业和食品生产对可持续发展具有重要影响。可持续发展在农业领域的应用包括推动可持续农业实践、减少化学农药和化肥的使用、提高土壤质量和加强水资源管理。这有助于提供安全的食品供应、保护生态系统和减少环境污染。

能源和气候变化：能源和气候变化是可持续发展的关键挑战。可持续发展在能源领域的应用包括促进可再生能源的使用、提高能源效率、减少碳排放和发展低碳技术。这有助于减轻气候变化的影响、提供清洁能源和减少能源不平等。

生物多样性：维护生物多样性是可持续发展的重要目标。可持续发展在生物多样性领域的应用包括保护野生动植物和生态系统、减少森林砍伐、开展保护和恢复项目。这有助于维持生态系统的平衡、保护珍稀物种和维护生物多样性。

以上是一些主要领域中可持续发展原则的应用，这些原则帮助各方在不同领域采取行动，实现可持续发展目标。

二、教育领域的可持续发展意义

教育作为社会发展的关键要素，对可持续发展具有深远的影响，包括但不限于对社会、经济、环境和个体的影响。

（一）教育与可持续发展的关系

教育是可持续发展的核心要素之一，因为它对社会、经济和环境方面的可持续性都具有重要影响。以下是教育与可持续发展之间的关系：

教育与社会可持续发展：教育对社会可持续发展至关重要。通过提供平等的教育机会，教育有助于减少社会不平等和排除，提高社会公平和公正。教育还有助于提高公民的参与度，培养公民责任感，加强社会凝聚力。另外，教育还可以帮助人们获得就业机会，提高生活质量，减少社会问题。

教育与经济可持续发展：教育对经济可持续发展具有重要影响。通过提供技能和知识，教育有助于提高劳动力的生产力，推动经济增长。受过教育的劳动力更容易适应新技术和创新，促进产业升级和转型。此外，教育还可以培养创业家精神，促进创新和企业发展。教育还有助于提高国家的竞争力，吸引国际投资和促进国际贸易。

教育与环境可持续发展：教育在环境可持续发展中也发挥关键作用。通过教育，人们能够了解环境问题的严重性，如气候变化、资源枯竭和生态系统崩溃。教育可以激发环保行为，提高人们的环境意识，促进可持续的生活方式。受过教育的人更容易参与环境保护项目，采取环保措施，减少能源消耗和减排。此外，教育还有助于培养环境科学家和专业人才，研究解决环境问题的解决方案。

教育与个体可持续发展：个体的可持续发展也与教育密切相关。教育不仅提供了知识和技能，还有助于个体的发展和成长。通过教育，个体能够实现自我实现，提高生活质量，追求职业目标。受过教育的人更容易参与社会和政治活动，发挥公民作用，提高自我意识和社会责任感。另外，教育还有助于提高健康意识，改善生活方式，减少慢性疾病的发生。

(二) **教育领域的可持续发展意义**

在教育领域，可持续发展具有以下重要意义：

培养可持续发展的价值观：教育可以帮助培养可持续发展的价值观和伦理观，这有助于学生成为可持续发展的倡导者和实践者，积极参与环保和社会改革。

提供可持续发展的知识和技能：教育提供了学生所需的知识和技能，以解决可持续发展问题。这包括环境科学、可再生能源技术、可持续农业、城市规划等领域的知识。通过教育，学生能够参与解决当今和未来的可持续发展挑战。

促进研究和创新：教育机构是研究和创新的重要场所，可以推动可持续发展领域的研究和创新。教育机构可以进行环境科学研究、开展可持续技术开发、推动绿色经济的研究等。这有助于制定政策和战略，推动可持续发展。

培养可持续发展领导者：教育可以培养未来的可持续发展领导者，如政府官员、企业领袖、社会活动家等。通过培养领导者，教育有助于推动可持续发展议程，这些领导者可以在各个领域推动可持续发展的实践。

增强全球合作：教育有助于增强全球合作，应对全球性的可持续发展挑战。通过国际教育交流和合作，学生可以了解不同国家和文化的可持续发展实践，促进全球共同努力。教育也有助于培养国际视野，加强全球治理体系，推动国际合作和协调。

培养可持续发展专业人才：教育培养了可持续发展领域的专业人才，如环境科学家、可持续发展顾问、环境工程师等。这些专业人才在各个领域都具有重要作用，为解决可持续发展问题提供专业知识和技能。

（三）教育领域的可持续发展实践

在教育领域，有多种方式可以实践和推动可持续发展：

教育课程：在教育课程中，可以整合可持续发展的主题和概念，使学生了解可持续发展的重要性。这包括教授环境科学、社会公平、可持续农业、绿色技术等相关课程。这有助于培养学生的可持续发展价值观和知识。

教育政策：政府可以通过教育政策来推动可持续发展。这包括制定环保教育政策、提高教育资源的可持续性、推动可持续发展目标的实施等。政府还可以支持可持续发展研究和创新，提供相关教育资源。

可持续校园：教育机构可以采取可持续校园举措，如节能、减排、废物管理、水资源保护等。这有助于为学生提供可持续发展的示范，增强他们的环保意识。

教育交流和合作：国际教育交流和合作有助于学生了解不同国家和文化的可持续发展实践。学生可以参与国际项目、交流学习和志愿服务，积极参与全球可持续发展。

社区参与：教育机构可以鼓励学生参与社区参与项目，如环保活动、社会服务和社会活动。这有助于培养学生的公民责任感，加强他们的社会参与。

教育领域在可持续发展方面具有深远的影响和重要性。教育不仅有助于培养可持续发展的价值观和伦理观，还提供了知识和技能，促进研究和创新，培养可持续发展领导者，增强全球合作，培养可持续发展专业人才，推动可持续发展目标的实现。通过在教育领域实践可持续发展，我们可以为构建可持续的未来，提高社会、经济和环境的可持续性，以及培养具有可持续发展意识的下一代做出重要贡献。因此，教育领域的可持续发展意义重大，应得到更多的关注。

第二节　实训基地的生态环境保护

实训基地是学校或教育机构用于实践教学和培训的重要资源，涵盖了各种领域，包括工程、医学、农业、信息技术等。在实训基地中，学生可以获得实际操作的机会，提高他们的技能和知识。然而，实训基地的运营和管理往往需要消耗大量的资源和能源，可能对环境造成不利影响。因此，实训基地的环保至关重要，以确保可持续性和减少负面影响。

一、实训基地的环保意义

保护自然环境：实训基地的运营可能会涉及土地利用、水资源利用、能源消耗和废物产生等活动。如果不采取环保措施,这些活动可能对自然环境造成损害,如土地退化、水资源枯竭、空气和水污染等。环保实践有助于减轻这些负面影响,保护自然环境的完整性和稳定性。

降低能源和资源消耗:实训基地通常需要大量的能源和资源,如电力、水资源、原材料等。环保实践可以帮助实训基地提高能源效率,减少资源浪费,降低运营成本。这有助于降低能源和资源的紧张,减少对有限资源的依赖。

减少废物和污染:实训基地的运营可能会产生各种废物和污染物,如废水、废气、固体废物等。如果这些废物没有得到妥善处理,可能对周围环境和人类健康造成危害。环保实践包括废物处理和污染控制,有助于减少废物产生和污染排放,维护清洁和健康的环境。

促进可持续发展:环保实践有助于实现可持续发展目标,包括经济、社会和环境方面的可持续性。通过减少环境负担,保护自然资源,提高能源效率,实训基地可以促进可持续经济增长,提高社会公平和保护生态系统。

展示榜样作用:实训基地的环保实践可以成为榜样,鼓励其他组织和社区采取环保行动。通过积极的环保实践,实训基地可以传播环保理念,鼓励更多的人参与环保活动。

二、实训基地环保的关键领域

实训基地的环保实践涉及多个关键领域,包括但不限于以下几个方面:

能源管理:实训基地需要大量的能源,如电力和燃料,用于设备操作、采暖、照明等。能源管理包括提高能源效率、采用可再生能源、优化设备使用等措施。通过能源管理,实训基地可以减少碳排放,降低能源成本。

水资源管理:实训基地使用水资源进行各种活动,如灌溉、清洁和实验室操作。水资源管理包括节水措施、废水处理、水资源回收等。有效的水资源管理有助于降低水资源消耗和减少水污染。

废物管理：实训基地产生各种废物，包括固体废物、有害废物和废水。废物管理涉及妥善处理和处置废物，包括废物分类、回收、焚烧、填埋等。有效的废物管理有助于减少废物产生和环境污染。

空气质量控制：一些实训基地可能产生空气污染物，如废气排放、产生化学蒸气和粉尘。空气质量控制包括采用过滤器、净化器、废气处理设备等，以减少空气污染物排放。良好的空气质量控制有助于保护员工和环境。

土地利用和生态系统保护：实训基地的土地利用可能对周围的生态系统造成影响。土地利用和生态系统保护包括植被恢复、野生动植物保护、生态恢复项目等。通过采取这些措施，实训基地可以减少土地侵蚀、维护生态平衡和生物多样性。

教育和宣传：实训基地可以通过教育和宣传活动来提高员工和学生的环保意识。这包括组织环保培训、举办环保活动、制定环保政策等。教育和宣传有助于培养环保文化，推动环保实践的落实。

合作与伙伴关系：实训基地可以与环保组织、当地社区、政府和产业合作伙伴建立合作关系。合作与伙伴关系有助于共同推动环保项目，分享资源和知识，共同解决环保问题。

三、实训基地环保的具体措施

为实现实训基地的环保目标，可以采取以下具体措施：

能源效率改进：实训基地可以实施能源效率改进措施，如安装能源节约设备、优化设备操作、制定能源管理计划等。同时，推广员工和学生的节能意识，鼓励减少不必要的能源消耗。

可再生能源采用：实训基地可以考虑采用可再生能源，如太阳能、风能、地热能等，以替代传统的化石燃料。这有助于减少碳排放，降低能源成本。

水资源管理：实训基地可以实施水资源管理措施，如节水设备安装、废水处理系统建设、雨水收集等。这有助于减少水资源浪费和水污染。

废物管理：实训基地应建立废物管理计划，包括废物分类、回收、处理和处置。鼓励员工和学生参与废物回收和分类，减少废物产生。

空气质量控制：实训基地应定期检查和维护设备，以确保废气排放在合理范围内。同时，采取措施降低室内空气污染，如使用环保建材和净化设备。

土地利用和生态系统保护：实训基地应制定土地利用计划，保留绿地和自然景观。通过生态恢复项目，实训基地可以帮助恢复破坏的生态系统，提高生物多样性。

教育和宣传：实训基地可以开展环保教育和宣传活动，提高员工和学生的环保意识。这包括组织环保培训、举办环保活动、发布环保政策和指南等。

合作与伙伴关系：实训基地应积极与环保组织、当地社区、政府和产业合作伙伴建立合作关系。共同推动环保项目，分享资源和知识，共同解决环保问题。

实训基地的环保意义重大，对自然环境、经济和社会都具有深远的影响。通过采取环保实践，实训基地可以保护自然环境、降低能源和资源消耗、减少废物和污染、促进可持续发展、提高声誉和吸引力、展示榜样作用。为实现环保目标，实训基地应关注能源管理、水资源管理、废物管理、空气质量控制、土地利用和生态系统保护、教育和宣传、合作与伙伴关系等关键领域，采取具体措施。通过这些努力，实训基地可以在可持续发展的道路上发挥重要作用，为社会、经济和环境的可持续性做出贡献。

第三节 实训基地运营的经济效益与社会效益平衡

一、实训基地经济效益的维护与提升

实训基地作为教育和培训机构，在提供学生实际操作和职业技能培训的同时，也需要关注经济效益的维护与提升。经济效益是实训基地可持续发展的基础，它影响着实训基地的财务稳定性、竞争力和继续提供高质量教育的能力。

（一）经济效益的重要性

财务稳定性：经济效益是实训基地财务稳定性的基础。只有维护和提升经济效益，实训基地才能获得足够的资金来支持日常运营、设施维护和技术更新。

提供高质量教育：经济效益直接影响实训基地提供高质量教育的能力。足够的资金可以用于招聘和培训优秀的教育人员，购买先进的设备和教材，提供学生实际操作和实践机会。

竞争力：实训基地需要在教育市场中保持竞争力。良好的经济效益有助于降低学费、提供奖学金、改善设施和服务，从而吸引更多的学生和合作伙伴。

可持续发展：经济效益是实训基地可持续发展的前提。只有保持健康的经济状况，实训基地才能不断改进和扩大规模，为更多学生提供服务。

社会影响力：实训基地的经济效益不仅仅影响自身，还对社会产生积极影响。良好的经济绩效能够为社会提供更多就业机会、培训机会和教育资源，促进社会进步。

(二) 经济效益的影响因素

实训基地的经济效益受多种因素影响,包括以下几个方面:

学生招生和留存率:学生招生和留存率是影响经济效益的关键因素。实训基地需要制定吸引学生的招生策略,提供高质量的教育,以保持学生的留存率。

教育质量:教育质量直接关系到学生的满意度和未来就业机会。高质量的教育可以吸引更多学生,增加收入。

设施和设备:实训基地的设施和设备对于提供实际操作和技能培训至关重要。更新设备和设施需要资金支持,但可以提高培训质量和吸引力。

教育合作伙伴:与企业和其他教育机构的合作可以提高经济效益。合作伙伴可以提供资金、资源和学生,共同推动经济效益的提升。

财务管理和成本控制:有效的财务管理和成本控制是维护经济效益的关键。实训基地需要建立预算、监控支出,并寻求降低成本和提高效率的方法。

市场营销:市场营销活动有助于吸引更多学生和合作伙伴。实训基地需要制定市场营销战略,推广教育项目,提高知名度。

捐赠和赞助:捐赠和赞助是维护经济效益的一种重要方式。实训基地可以积极寻求捐赠和赞助,用于设备更新、奖学金设立和项目推进。

(三) 提升经济效益的策略

为了提升实训基地的经济效益,可以采取以下策略:

制订长期发展计划:实训基地应制订长期发展计划,明确发展目标和战略,确保财务稳定和可持续发展。

不断改进教育质量:提供高质量的教育和培训服务,提高学生满意度,增加学生招生和留存率。

寻求合作伙伴:与企业和其他教育机构建立合作伙伴关系,共同推动教育项目的发展。

提高设施和设备水平：更新设备和设施，提供现代化的教育环境，增加教育吸引力。

制定有效的市场营销策略：制定市场营销战略，提高知名度，吸引更多学生和合作伙伴。

管理财务和成本控制：建立有效的财务管理体系，监控支出和收入，寻求降低成本和提高效率的方式。

提供多样化的教育项目：提供多样化的教育项目，满足不同学生的需求，增加招生。

捐赠和赞助：积极寻求捐赠和赞助，用于设备更新、奖学金设立和项目推进。

强化校友关系：与校友建立联系，吸引校友支持，提供资金和资源支持。

监测和评估：建立绩效评估机制，定期监测经济效益，发现问题和改进机会。

维护与提升实训基地的经济效益对于其可持续发展至关重要。经济效益不仅影响财务稳定性、教育质量、竞争力，还对社会产生积极影响。为了提高经济效益，实训基地应制订长期发展计划，提高教育质量，建立合作伙伴关系，更新设备和设施，制订有效的市场营销策略，管理财务和成本，提供多样化的教育项目，寻求捐赠和赞助，强化校友关系，以及监测和评估。通过这些策略，实训基地可以维护和提升经济效益，为学生提供更好的教育和培训，实现可持续发展和社会进步。经济效益不仅仅是实训基地的责任，更是一种机会，有助于提高其竞争力和影响力。因此，实训基地应将维护和提升经济效益纳入其战略规划和运营管理的核心要素。

二、经济效益与社会效益的平衡策略

在当今复杂多变的社会和经济环境下，教育和培训机构，特别是实训基地，面临着平衡经济效益和社会效益的挑战。实训基地的经济效益是维护其财务稳定性、提供高质量教育和竞争力的基础，而社会效益则反映了其对社会的积极贡献。

（一）平衡经济与社会效益的重要性

维护可持续发展：平衡经济与社会效益是实训基地可持续发展的关键。经济效益可以为基地提供财务支持，而社会效益有助于增强其社会影响力和声誉。

提高竞争力：平衡经济与社会效益可以提高实训基地的竞争力。具备强大的经济效益有助于吸引学生和合作伙伴，而积极的社会效益有助于树立积极的品牌形象。

履行社会责任：平衡经济与社会效益有助于实训基地履行社会责任。它不仅是对学生的责任，还是对社会和环境的责任。

吸引投资和资源：具备良好的经济效益和社会效益有助于吸引投资、捐赠和赞助，为基地提供更多资金和资源支持。

实现综合效益：平衡经济与社会效益可以实现综合效益，既满足经济利益，又满足社会使命，促进整体发展。

（二）影响因素

实现经济与社会效益的平衡受到多种因素的影响，包括以下几个方面：

经济压力：实训基地可能面临经济压力，需要维护财务稳定性，确保运营资金足够，这可能会导致过度关注经济效益。

教育质量：提供高质量的教育和培训是实训基地的首要任务，但提高教育质量可能需要更多的投入和资源，可能会对经济效益产生压力。

合作伙伴和赞助商需求：合作伙伴和赞助商可能有特定的需求和期望，可能会影响实训基地的社会效益目标。

社会期望：社会对实训基地的期望可能包括提供高质量教育、支持社会和环境问题解决等，需要平衡社会期望和经济压力。

（三）平衡策略

为了平衡经济与社会效益，实训基地可以采取以下策略：

制定明确的愿景和使命：实训基地应制定明确的愿景和使命，明确经济和社会效益的目标。这有助于为整体战略和决策提供方向。

制订综合规划：制订综合规划，明确经济效益和社会效益的关系，并确保它们相互支持。规划应考虑长期和短期目标，综合利益。

寻求多元化资金来源：积极寻求不同来源的资金，包括学费、政府资助、捐赠和赞助。多元化的资金来源可以缓解经济压力，支持社会效益。

建立合作伙伴关系：与企业、其他教育机构和非营利组织建立合作伙伴关系，共同推动社会效益项目。合作伙伴关系可以提供额外的资源和支持。

教育项目多样化：提供多样化的教育项目，满足不同学生的需求，增加学生招生，为经济效益提供支持。

教育质量优先：将教育质量置于优先位置，确保高质量的教育和培训，以吸引更多学生和合作伙伴，为经济效益提供支持。

社会效益传播：积极传播和宣传实训基地的社会效益成果，提高知名度，吸引更多的合作伙伴和支持。

定期评估和监测：建立绩效评估机制，定期评估经济和社会效益的实现情况，发现问题和改进机会。

社会责任项目：开展社会责任项目，参与社会和环境问题的解决，展示对社会的积极贡献。

实训基地作为教育和培训机构，在平衡经济与社会效益时面临多种挑战和机会。经济效益是维护财务稳定性和提供高质量教育的基础，而社会效益是履行社会责任和增强社会影响力的重要方式。平衡经济与社会效益的关键策略包括制定明确的愿景和使命、综合规划、多元化资金来源、建立合作伙伴关系、教育项目多样化、教育质量优先、社会效益传播、定期评估和监测、开展社会责任项目。通过这些策略，实训基地可以实现经济和社会效益的平衡，取得可持续的发展和成功，同时为社会和环境做出积极的贡献。平衡经济与社会效益是实训基地的责任和机会，有助于实现其使命和目标。

第四节 可持续发展策略的实施与效果评估

一、可持续发展策略的实施计划

可持续发展是一个全球性的议题，旨在满足当今需求而不损害未来世代的需求。

（一）可持续发展战略的制定

可持续发展战略的制定是实施计划的第一步。这一阶段需要明确定义组织或社会的愿景和价值观，明确长期和短期目标，以及确定关键的关注领域。以下是可持续发展战略的制定过程：

明确定义愿景和价值观：组织或社会需要明确定义其可持续发展的愿景，即期望在未来实现的状态。价值观则是指组织或社会在实现可持续发展时所坚守的原则和道德准则。

设定目标：根据愿景和价值观，制定具体的可持续发展目标。这些目标应该是明确、可衡量的，以便后续的监测和评估。

确定关键关注领域：识别影响可持续发展的关键领域，如经济、社会、环境等。这有助于集中资源和精力解决最紧迫的问题。

建立战略团队：组建一个多领域的团队，包括高级管理层、专业人员和利益相关者，以共同制定可持续发展战略。

制定可持续发展战略义档：将上述信息整合到可持续发展战略文档中，

明确战略的愿景、目标、关注领域和行动计划。这份文档应该为所有利益相关者提供一个清晰的指南。

(二) 设定可持续发展目标

一旦制定了可持续发展战略，下一步是设定明确的可持续发展目标。这些目标应该符合SMART（具体、可衡量、可达到、相关和时间限制）原则，以确保它们具有清晰性和可操作性。以下是设定可持续发展目标的关键步骤：

具体性（Specific）：确保目标是具体和明确的，不应该是抽象的或模糊的。例如，目标可以是减少碳排放，提高社区参与度或提高再生能源使用率。

可衡量性（Measurable）：为了能够监测和评估目标的进展，目标应该是可衡量的。这可以通过指标、数据和度量来实现。例如，减少碳排放可以以百分比或吨数来衡量。

可达到性（Achievable）：目标应该是可行的，考虑到组织或社会的资源和能力。确保目标不是过于理想化或难以实现的。

相关性（Relevant）：确保目标与组织或社会的愿景、价值观和关注领域相关。目标应该支持可持续发展战略的整体目标。

时间限制（Time-bound）：设定明确的时间框架来实现目标。这可以是年度、季度或其他时间段。时间限制有助于确保目标不会拖延或被忽视。

(三) 制订行动计划

一旦设定了可持续发展目标，接下来需要制订行动计划，以确定实现这些目标所需的具体步骤和措施。以下是制定行动计划的关键步骤：

识别关键举措：确定实现每个目标所需的关键举措和行动步骤。这些举措应该与目标保持一致，并明确说明如何实现目标。

制定时间表：为每个举措设定时间表和截止日期。这有助于确保工作按计划进行，避免拖延。

分配资源：确定实施每个举措所需的资源，包括人力、财力和技术资源。确保资源充足，以支持举措的实施。

制定责任分工：明确每个举措的责任人和相关方，以确保每个举措都有负责人监督和推动实施。

监测和评估：制定监测和评估机制，以跟踪目标的进展和举措的效果。及时调整行动计划，以应对变化和挑战。

（四）监测与评估

监测与评估是可持续发展战略实施计划的关键环节。这一阶段旨在确保目标得到有效实施，并持续改进战略。以下是监测与评估的关键步骤：

设定指标和数据收集：明确用于监测目标进展的关键指标和数据收集方法。确保数据的收集是及时的和准确的，以支持有效的决策。

定期报告和通信：制定定期的报告和通信机制，以向利益相关者提供关于可持续发展进展的信息。这可以包括内部报告、外部报告、会议和沟通渠道。

评估效果：对目标的实现效果进行评估，以确定是否需要调整目标或调整行动计划。这有助于保持战略的灵活性和适应性。

利益相关者参与：鼓励利益相关者参与监测与评估过程，以获取反馈和建议。他们的参与可以帮助改善战略的执行，并提高可持续发展的成效。

持续改进：根据监测与评估的结果，制定行动计划来持续改进战略。这包括根据经验教训调整目标和举措，以更好地实现可持续发展目标。

（五）推广和分享

可持续发展战略的实施计划应该包括推广和分享，以便将经验教训和最佳实践分享给其他组织和社会。以下是推广和分享的关键步骤：

内部宣传：在组织内部进行宣传和分享，以确保所有员工都了解和支持可持续发展战略。内部宣传可以包括培训、会议和内部沟通渠道。

外部沟通：向外部利益相关者、合作伙伴和社会公众传达可持续发展的信息和进展。这可以通过社交媒体、新闻发布会、报告和网站等渠道来实现。

分享最佳实践：与其他组织和社会分享可持续发展的最佳实践和经验教训。这可以通过行业协会、会议、研讨会和合作伙伴关系来实现。

参与倡导：积极参与可持续发展的倡导活动，以推动政策和行业的变革。倡导可以通过与政府、非政府组织和社会团体合作来实现。

（六）风险管理

可持续发展战略的实施计划还需要包括风险管理，以识别和管理可能威胁战略实施的风险。以下是风险管理的关键步骤：

风险识别：识别可能威胁可持续发展战略实施的风险，包括经济、环境、社会和政治风险。

风险评估：评估每个风险的潜在影响和概率。确定哪些风险是最严重的和最紧迫的。

风险管理计划：制定风险管理计划，包括措施和策略，以减轻风险和处理突发事件。

实施风险管理：确保风险管理计划得到执行，以减轻风险和应对不确定性。

监测和评估：定期监测风险的进展和效果，以调整风险管理计划。

可持续发展战略的实施计划是确保组织或社会在经济、社会和环境方面取得平衡和持续发展的关键。通过明确定义愿景和价值观、设定明确的目标、制定行动计划、监测与评估进展、推广和分享经验以及进行风险管理，可以确保可持续发展战略得到有效实施。这将有助于实现可持续发展的愿景，并确保我们的社会在未来能够持续繁荣。

二、可持续发展效果的定量与定性评估

可持续发展是全球性的目标，旨在满足当前的需求，而不损害未来世

代的需求。为了确保可持续发展战略的成功实施,需要对其效果进行评估。可持续发展的评估通常包括定量和定性两个方面,以便全面了解战略的实施情况和影响。本书将探讨可持续发展效果的定量与定性评估,包括方法、工具和挑战。

(一)定量评估方法

定量评估方法旨在通过数字数据和统计分析来量化可持续发展的效果。这种方法通常依赖于定量数据的收集和分析,以测量特定目标和指标的进展。以下是一些常见的定量评估方法:

指标和指标体系:建立可持续发展的指标和指标体系,以定量测量战略的实施和效果。这些指标可以包括环境指标(如碳排放、水资源利用)、社会指标(如员工满意度、社区参与度)和经济指标(如收入、成本节约)等。

数据收集和分析:收集相关的数据,以进行比较和分析。数据可以来自内部和外部,包括调查、报告、监测和财务数据。

比较分析:将实施前和实施后的数据进行比较,以确定目标和指标的进展。这可以采用各种分析方法,如趋势分析、对比分析和回归分析。

模型和模拟:使用模型和模拟来预测战略的可能效果。这可以帮助决策者了解不同决策的潜在结果,以支持决策制定。

经济评估:进行成本—效益分析,以确定战略的经济效益和回报。这可以有助于权衡可持续发展和经济效益之间的关系。

社会网络分析:使用社会网络分析来研究战略对社会和组织的影响。这可以帮助理解关键利益相关者之间的关系,以及信息和资源的流动。

定量评估的优势在于它提供了可衡量的数据和指标,可以用于监测进展和制定决策。然而,定量评估也存在一些挑战,如数据质量、数据可用性和数据采集成本等问题。

（二）定性评估方法

定性评估方法旨在通过描述和解释现象、过程和影响来深入了解可持续发展的效果。这种方法通常依赖于质性数据的收集和分析，以获取深层次的理解。以下是一些常见的定性评估方法：

案例研究：通过深入研究特定案例来了解战略的实施和效果。案例研究可以包括定性采访、文件分析和观察等方法。

访谈和焦点小组讨论：进行访谈和焦点小组讨论，以收集利益相关者的观点、经验和见解。这有助于获取深层次的信息，了解战略的影响。

文本分析：分析相关文本，如报告、文章、政策文件和社交媒体内容，以了解公众对可持续发展的看法和反应。

观察：进行观察来了解战略的实施和效果。观察可以在现场或远程进行，以捕捉特定的行为和事件。

内容分析：对文本、图像和多媒体内容进行内容分析，以了解战略的影响和传播。

参与研究：与利益相关者一起开展研究，以共同制定问题、进行研究和解释结果。这有助于建立合作关系和共同学习。

定性评估的优势在于它提供了深层次的理解和丰富的描述，可以捕捉战略的影响和复杂性。然而，定性评估也需要更多的时间和资源，可能受主观性的影响，难以进行定量比较。

（三）定量与定性评估的整合

定量与定性评估可以相互补充，提供更全面的评估结果。以下是一些方法，可以将两种评估方法整合在一起：

三角验证：使用不同的数据来源和方法来验证评估结果。例如，可以使用定量数据来验证定性发现，反之亦然。

混合方法设计：设计一项研究，旨在同时收集定量和定性数据。这可以通过混合问卷调查、访谈、焦点小组讨论和文本分析来实现。

转化框架：使用转化框架来整合定量和定性数据，以更好地理解战略的实施和效果。转化框架将定量数据和定性数据相互关联，以便更全面地分析和解释。

深度分析：将定性数据用于深度分析，以解释定量数据中的趋势和关系。这可以帮助识别定量数据中的隐含信息。

交互性评估：促使定量和定性评估的结果共同反馈到战略的制定和实施过程中，以支持实施的改进和调整。

定量评估和定性评估是评估可持续发展效果的两种重要方法。它们各有其优势和挑战，可以相互补充，提供更全面的评估结果。选择评估方法应根据具体情况和评估的目的来确定，以确保能够全面理解可持续发展战略的实施和影响。通过有效的评估，可以不断改进战略，确保可持续发展的目标得以实现。

参 考 文 献

[1] 周付安. ARE 企业虚拟仿真综合实训 [M]. 北京：知识产权出版社，2018.

[2] 单从凯. 职业教育虚拟仿真实验实训资源汇编 2016 版 [M]. 北京：中央广播电视大学出版社，2016.

[3] 王炜，朱航宇. 钢铁冶金虚拟仿真实训 [M]. 北京：冶金工业出版社，2020.

[4] 郭佳，王宏，夏志刚. 船体加工与装配虚拟仿真实训 [M]. 哈尔滨：哈尔滨工程大学出版社，2022.

[5] 董红杰. 财务共享虚拟仿真实训教程 [M]. 北京：经济科学出版社，2020.

[6] 贾志宇. 职业教育虚拟仿真实训基地的开发 [M]. 沈阳：辽宁教育出版社，2019.

[7] 严军. 冶金工程虚拟仿真实训 [M]. 西宁：青海民族出版社，2017.

[8] 时保宏，张君涛. 石油石化虚拟仿真实训简明教程 [M]. 北京：石油工业出版社，2023.

[9] 张永智，罗勇，詹铁柱. 创业综合虚拟仿真实训 [M]. 成都：西南财经大学出版社，2016.

[10] 郑运鸿 . 开关设备电气控制虚拟仿真实训 [M]. 北京：中国电力出版社 , 2022.

[11] 刘小隽 . 石油化工数字化虚拟仿真实训平台指导书 [M]. 北京：化学工业出版社 , 2016.

[12] 王荣梅，宋党伟，齐向阳 . 动力车间仿真软件教学指导书 [M]. 北京：化学工业出版社 , 2016.

[13] 江炼，蔡军，魏永江 . ARE 虚拟仿真综合实训 [M]. 广州：广东高等教育出版社 , 2018.

[14] 许明，卫静静 . 创新思维与创业实践 商科虚拟仿真综合实训教程 [M]. 西安：西安交通大学出版社 , 2022.

[15] 曾苑，邓文博 . 虚拟仿真企业综合运营实训教程 [M]. 北京：中国水利水电出版社 , 2023.

[16] 肖颖 . 印刷技术虚拟实训教程 [M]. 北京：文化发展出版社 , 2018.

[17] 汤君友 . 虚拟现实技术与应用 [M]. 南京：东南大学出版社 , 2020.